北京现代产业新区发展研究基地资助出版

作物营养强化食品的消费选择研究

刘贝贝 著

·北京·

内容简介

本书主要聚焦作物营养强化食品的消费者决策，探讨影响消费者对作物营养强化食品作出选择的主要因素及内在机制，同时探讨了企业沟通策略、消费者特质等边界条件对消费者选择的影响。同时进一步深入产品属性层面，探讨了消费者对作物营养强化食品不同属性及水平的偏好和支付意愿，以期为作物营养强化食品市场的健康发展提供有益借鉴。本书内容的创新之处在于基于解释水平理论、调节定向理论、随机效用理论与新消费者理论，揭示了消费者对作物营养强化食品作出选择的内在机理和关键因素，在一定程度上补充了有关消费者作物营养强化食品选择的相关研究，对作物营养强化食品企业具有相应的指导意义。

本书可供作物营养强化食品企业管理人员、农产品营销人员及消费者行为领域的学生和研究人员参考。

图书在版编目（CIP）数据

作物营养强化食品的消费选择研究 / 刘贝贝著. 北京：化学工业出版社，2025.2. — ISBN 978-7-122-47026-3

Ⅰ.F768.2

中国国家版本馆CIP数据核字第2025DF1439号

责任编辑：张　艳
文字编辑：林　丹　罗　锦
责任校对：边　涛
装帧设计：王晓宇

出版发行：化学工业出版社
　　　　　（北京市东城区青年湖南街13号　邮政编码100011）
印　　装：北京科印技术咨询服务有限公司数码印刷分部
710mm×1000mm　1/16　印张10¼　字数171千字
2025年2月北京第1版第1次印刷

购书咨询：010-64518888
售后服务：010-64518899
网　　址：http://www.cip.com.cn

凡购买本书，如有缺损质量问题，本社销售中心负责调换。

定　　价：98.00元　　　　　　　版权所有　违者必究

前言 PREFACE

几千年来，温饱问题是社会各界广泛关注的问题。随着科学技术的发展，越来越多的人不再为了温饱问题而发愁。但是，吃饱了就代表你"不饿"了吗？

众所周知，人体保持健康不仅仅需要碳水化合物、脂类、蛋白质，还需要铁、锌、硒、碘等矿物元素，以及维生素A、维生素E、叶酸等维生素。有些个体可能表面上看起来很健康，但身体的细胞已经慢慢开始出现微量营养素缺乏等问题，从而导致慢性病的产生。这就是虽然你的胃感觉吃饱了，但是你的身体细胞还处于饥饿状态，即"隐性饥饿"。所谓"隐性饥饿"，是指由于营养不平衡，或缺乏人体必需的维生素和矿物质，同时在其他营养成分上过度摄入，从而产生隐蔽性营养需求的饥饿症状。联合国粮食及农业组织资料显示，全球约有20亿人正在遭受隐性饥饿的困扰，在我国就有高达3亿人存在隐性饥饿的问题。隐性饥饿问题在我国一直存在，只是过去人们更加关注粮食产量问题，着重解决吃饱的问题，从而缺乏对营养问题和粮食质量的关注。因此，我国的"隐性饥饿"问题一直未得到充分重视。

合理膳食、均衡营养是解决"隐性饥饿"最简单直接的方法。通过提高大宗农产品中微量营养素的含量，降低因微量营养素缺乏导致的"隐性饥饿"问题，减少微量营养素缺失、失衡导致的各类疾病和各种经济损失，全面提高我国居民的营养健康水平，是我国目前面临的重大战略问题，也是我国社会持续、健康、稳定发展的重要目标。随着社会的发展和经济水平的不断提高，人们越来越关注营养健康问题，吃饱的同时也要吃得营养、健康成为社会公众逐渐关注的热点问题。作物营养强化食品作为一种创新型农产品，在不改变人们饮食习惯的同时，能够更加经济、有效地达到补充人体微量营养素的目的，对于缓解微量营养素缺乏导致的营养健康问题具有重要的意义。目前，作物营养强化食品作为一种新产品，市场化程度较低，市场对于消费者决策和需求的了解较少，而了解目标群体的需求和潜在反应有助于作物营养强化食品的顺利推广。

本书总结、整理了国内外有关作物营养强化的相关研究，同时梳理了消费者决策、消费者偏好及支付意愿的相关研究，并在解释水平理论、调节定向理论等基础上，构建了作物营养强化食品消费者决策模型，通过6个实验验证了产品比较和企业沟通策略的匹配对消费者决策的影响，以及对消费者健康意识和调节定向的影响。其次，本书从产品类型、消费者知识，以及健康信念模型的角度探讨了影响消费者作物营养强化食品选择的因素。最后，为了能够更加细化地了解消费者对于作物营养强化食品各个属性及层次水平的偏好，本书以富铁大米为例，基于随机效用理论和新消费者理论，在消费者访谈和专家讨论的基础上，选取了营养强化技术手段、安全认证、微量营养素含量、富铁认证（营养强化认证标识）、价格五大属性，并确定了各个属性的不同层次水平。采用选择实验的方法，构建不同属性及层次水平组合的富铁大米选择集，通过消费者多次重复的选择，估计消费者对富铁大米不同属性及层次水平的偏好和支付意愿。在此之后，引入消费者健康意识和调节定向两个交叉项，进一步测算了特定类型的消费者对作物营养强化食品各个属性及层次水平的偏好和支付意愿。整体而言，本书通过探讨并估算消费者对作物营养强化食品属性的偏好和支付意愿，对作物营养强化食品的市场推广、企业优化产品组合以及政府相关政策的制定具有重要的理论和现实意义，同时对进一步指导食品企业丰富营养健康产品，实现营养健康与产业发展相融合具有重要的实践意义。

　　本书系统解析了影响作物营养强化食品消费者决策的多维因素，为行业发展和市场决策提供了重要参考。希望通过本书的探讨，能够促进对作物营养强化食品消费者行为的理解，并为相关领域的学术研究和实践应用提供有益启示。愿本书成为学术研究者、行业从业者和消费者的一份有益指南，引领我们更好地认识和运用作物营养强化食品，共同促进健康饮食与生活方式的发展。

　　本书的顺利出版得到了相关领导、专家、学者，特别是作者所在单位北京石油化工学院相关领导、专家和学者的支持。同时还要感谢北京现代产业新区发展研究基地的资助。作者力求将与本书相关的内容科学、严谨、完整地呈现给读者，但限于成书时间较短，书中难免存在不足之处，恳请各位专家和读者批评指正。

刘贝贝

2024年10月

目录 CONTENTS

第一章 概述 ... 001
第一节 行业发展现状 ... 002
第二节 本书撰写目标与撰写意义 ... 004
一、撰写目标 ... 004
二、撰写意义 ... 005
第三节 本书撰写思路与主要内容 ... 006
一、撰写思路 ... 006
二、主要内容 ... 007
第四节 本书内容特色与创新 ... 009
一、理论与实证研究紧密结合 ... 009
二、有清晰的技术路线图 ... 009
三、体现领域多方面创新成果 ... 010

第二章 作物营养强化发展情况及相关因素 ... 012
第一节 作物营养强化相关研究 ... 013
一、营养强化的内涵与意义 ... 013
二、国际作物营养强化及 Harvest Plus 研究进展 ... 017
三、中国作物营养强化及 Harvest Plus-China 研究进展 ... 019
第二节 消费决策行为的相关研究 ... 020
一、消费者个人因素对消费决策行为的影响 ... 020
二、产品因素对消费决策的影响 ... 021
三、环境因素对消费决策的影响 ... 022
第三节 消费者偏好与支付意愿的相关研究 ... 023
一、消费者偏好与支付意愿的测量 ... 023
二、消费者偏好与支付意愿的影响因素研究 ... 027

三、消费者对营养强化产品的偏好与支付意愿研究 ················· 029
　第四节　相关研究述评 ··· 030

第三章　相关概念界定与理论基础　032

　第一节　相关概念界定 ··· 033
　　一、作物营养强化 ··· 033
　　二、消费者行为与消费决策 ·· 033
　　三、消费者偏好与支付意愿 ·· 034
　　四、产品属性与层次 ·· 034
　第二节　相关理论基础 ··· 034
　　一、解释水平理论 ··· 034
　　二、调节定向理论 ··· 036
　　三、计划行为理论 ··· 037
　　四、顾客（消费者）感知价值理论 ·· 038
　　五、信息不对称理论 ·· 040
　　六、随机效用理论与新消费者理论 ·· 041
　第三节　本书对相关理论的借鉴 ·· 041

第四章　产品相对价格比较与企业沟通策略匹配对消费者决策的影响　043

　第一节　假设推导 ··· 044
　　一、相对价格比较与企业沟通策略的匹配对消费者决策的影响 ········ 044
　　二、价格敏感度的中介作用 ·· 044
　　三、健康意识对相对价格比较和企业沟通策略匹配的影响 ············· 045
　　四、调节定向对相对价格比较和企业沟通策略匹配的影响 ············· 046
　第二节　相对价格比较与企业沟通策略的匹配影响研究 ·················· 047
　　一、实验目的与实验材料设计 ··· 047
　　二、实验流程与样本基本信息统计 ·· 048
　　三、实验结果分析 ··· 050
　第三节　主效应与价格敏感度的中介效应验证 ····························· 050
　　一、实验目的与实验材料设计 ··· 050

二、变量测量 ··· 051
　　三、实验流程与样本基本信息统计 ··· 051
　　四、实验结果分析 ··· 053
　第四节　健康意识与调节定向影响研究 ··· 056
　　一、实验目的与实验材料设计 ·· 056
　　二、变量测量 ··· 057
　　三、实验流程与样本基本信息统计 ··· 058
　　四、实验结果分析 ··· 059
　第五节　研究结论 ··· 063

第五章　产品相对营养比较与企业沟通策略匹配对消费者决策的影响　065

　第一节　假设推导 ··· 066
　　一、相对营养比较与企业沟通策略匹配对消费者决策的影响 ··· 066
　　二、独特效用的中介作用 ··· 067
　　三、健康意识对相对价格比较和企业沟通策略匹配的影响 ······ 068
　　四、调节定向对相对营养比较和企业沟通策略匹配的影响 ······ 068
　第二节　相对营养比较与企业沟通策略的匹配影响研究 ··············· 070
　　一、实验目的与实验材料设计 ·· 070
　　二、实验流程与样本基本信息统计 ··· 070
　　三、实验结果分析 ··· 072
　第三节　主效应与独特效用的中介作用验证 ································· 073
　　一、实验目的与实验材料设计 ·· 073
　　二、变量测量 ··· 073
　　三、实验流程与样本基本信息统计 ··· 074
　　四、实验结果分析 ··· 075
　第四节　健康意识与调节定向影响研究 ··· 078
　　一、实验目的与实验材料设计 ·· 078
　　二、变量测量 ··· 079
　　三、实验流程与样本基本信息统计 ··· 079
　　四、实验结果分析 ··· 081
　第五节　研究结论 ··· 085

第六章　产品类型、主观知识对消费者购买意愿的影响研究　　087

第一节　假设推导 　　088
一、营养强化产品类型对消费者购买意愿的影响 　　088
二、决策舒适度的中介作用 　　089
三、消费者主观知识对购买意愿的影响 　　089

第二节　实证检验 　　090
一、数据收集 　　090
二、变量测量 　　091
三、实验结果分析 　　091

第三节　研究结论及讨论 　　093
一、研究结论 　　093
二、研究讨论 　　094

第七章　消费者作物营养强化食品选择影响因素研究　　095

第一节　理论基础与研究假设 　　096

第二节　样本统计与变量描述 　　097
一、样本统计 　　097
二、变量描述性统计 　　098
三、相关性分析 　　100

第三节　假设检验与结果分析 　　100
一、模型有效性检验 　　100
二、结构方程模型估计结果 　　102
三、不同类型消费特质的影响 　　104

第四节　结论与启示 　　110
一、研究结论 　　110
二、研究启示 　　111

第八章　消费者对营养强化食品偏好与支付意愿研究　　112

第一节　实验设计 　　113
一、营养强化食品属性及层次水平确定 　　113

二、实验选择集 ··· 114
三、样本描述性统计 ··· 115
第二节　模型的构建与变量赋值 ··· 117
一、模型构建 ··· 117
二、变量赋值 ··· 119
第三节　消费者支付意愿测度模型估计结果及分析 ······················· 120
一、Mixed Logit 模型参数估计结果 ······································· 120
二、消费者对营养强化食品不同属性及层次水平的偏好与
　　支付意愿分析 ·· 124
三、特定消费者对营养强化食品不同属性及层次水平的偏好与
　　支付意愿分析 ·· 125
第四节　研究结论 ·· 128

第九章　结论与对策建议　129

第一节　结论 ·· 130
第二节　对策建议 ·· 135
一、企业层面 ··· 135
二、政府层面 ··· 136
三、研究不足与未来展望 ·· 138

参考文献　140
符号表　158

CHAPTER
01

第一章

概述

第一节
行业发展现状

营养是人类维持生命健康、促进生长发育的重要物质基础，国民营养水平事关国民素质和社会发展。由微量营养素缺乏（特别是铁、锌、维生素A）导致的"隐性饥饿"（hidden hunger）是当前人类面临的全球性挑战，在发展中国家该问题尤为严重，如发展中国家有近1/4（1.27亿）的学龄前儿童存在维生素A缺乏问题。随着经济的不断发展以及我国政府的不断努力，我国贫困地区居民的营养健康问题得到了极大的改善。但整体来看，虽然营养缺乏问题得到部分缓解，但我国居民的营养不良问题仍然十分严峻。政府以及各个研究部门针对我国居民营养健康的调查报告显示，我国约有3亿人存在营养不良问题，我国农村居民普遍存在微量营养素缺乏的问题，特别是铁、锌、维生素A等存在明显摄入不足的情况（张继国、张兵、王惠君，2012），我国农村人均钙摄入量仅为391mg，相当于推荐摄入量的41%（范云六，2007）。

据世界银行统计，"隐性饥饿"问题引发的营养不良造成的直接经济损失占国民生产总值的3%～5%；中国仅缺铁性贫血导致的国民经济损失占国内生产总值的3.6%（World Bank，2013）。营养素缺乏会导致劳动者体力不足，劳动能力下降，并造成潜在劳动者（例如儿童和青少年）在身体成长阶段发育迟缓，成年后劳动生产率将平均下降9%；其次，会导致劳动者智力受损，受教育能力与创新能力不足。儿童成年后易患诸如冠心病、肥胖病、高血压病以及糖尿病等疾病。这些慢性病不少源于婴幼儿时期的营养不良。不仅如此，由微量营养素缺乏导致的人体残疾和疾病，直接影响了家庭收入，而为了治疗疾病、照顾病人，家庭支出显著增加，家庭生存压力增大。此外，父母营养缺乏容易通过遗传导致后代健康状况不佳，身体与智力发育迟缓，家庭脱贫更加无望，"越贫越病、越病越贫"导致许多家庭陷入贫困的恶性循环，对贫困家庭形成了致命打击。由此可见，微量营养素缺乏不但对我国居民个人的身体健康带来了极大的威胁，也给整个家庭带来了巨大的经济负担。不仅如此，为了提高居民的营养健康水平，减少普通居民的医疗经济负担，我国的医疗体系和医疗保险事业也将面临巨大的挑战。

过去政府与社会主要关注粮食需求量是否能够满足国民需求，而目前我国国内粮食供给相对充足（朱信凯、夏薇，2015），但对农作物微量营养素缺乏、营养密度过低的"隐性饥饿"问题却有所忽视。近年来已有的研究发现，中国儿童微量营养素缺乏严重，特别是铁、维生素 A 的缺乏比例高达 35.52% 和 20.56%（马德福、张玉梅、尤莉莉，2014；杨春，2016）。虽然没有锌缺乏的准确指标，但从中国居民的膳食摄入中不难预测，锌作为一种重要的微量营养素，缺乏情况更为普遍（Hotz，2007）。锌缺乏不仅是儿童生长迟缓（Brown, Peerson and River，2002）、感染性疾病高发（Sazawal, Dhingra and Deb，2007；Bhutta, Black and Brown，1999）的重要影响因素之一，也是女性怀孕生产过程中高发病率和高死亡率的重要影响因素之一（Mahomed, Bhutta and Middleton，2007），并且与成人的常见慢性疾病，如糖尿病、恶性肿瘤等有着很大的关联（Prasad，2001）。长期微量营养素的缺乏和失衡，导致大量居民，尤其是偏远山区的贫困人群营养不良，并由此引发了各种慢性疾病，对儿童和青少年的生理和心理发展更会产生不良影响（Alderman, Hoddinott and Kinsey，2006）。

作物营养强化是当前改善人口营养健康状况最为有效的途径之一。它通过改善和提高作物，尤其是大宗粮食作物中的微量营养素含量，增加人体对于微量营养素的摄入和吸收，从而达到改善和提高人体营养健康的目的。由于效果明显近年来越来越受到世界各国的高度重视，中国政府近年来也加快了相关工作的步伐。作物营养强化在我国是一个新兴事物，开展仅 10 年左右，但它具有强大的生命力。作为一个拥有 3 亿营养不良人口的发展中国家，提高和改善人口的营养健康状况，从而提高整个中华民族的身体健康素质，是当前我国面临的重大战略任务。作物营养强化的最根本目的在于培育富含各种人体必需的微量营养素的新型作物品种，从而以相对经济有效的方式保障国民的营养安全，它是当前改善人口营养健康状况最切实可行的途径，对于提高我国农村居民的营养健康状况，保障社会安定和谐的正常发展，具有不可忽视的重大作用。

作物营养强化食品作为近年来具有重要和典型意义的创新型农产品，极大地改善和提升了农业作物中微量营养素的含量，对于改善人体健康水平，特别是提高中国农村地区居民的营养健康状况，减少因营养健康问题导致的劳动力损失具有重大意义，因此受到了世界范围内学者们的广泛关注。控制微量营养素缺乏导致的营养不良问题是中国重要的公共卫生优先事项。已有的关于营养强化食品的研究更多地从干预效果的角度出发，证实了营养干预政策能够有效地提高居民身体健康水平，特别是提高体内微量营养素的含量，因此作物营养强化是当前改善人口营养健康状况的有效途径之一（Nestel, Bouis and

Meenakshi，2006；White and Broadley，2009；Hirschi，2009）。也有学者从消费者角度，探讨了消费者对于作物营养强化食品的支付意愿（Steur，Gellynck and Feng，2012；郑志浩，2015）。从营销的角度来看，了解目标群体的需求和潜在的反应有助于卫生干预政策的顺利实施。而作物营养强化食品作为一种被社会大众广泛关注的创新产品，市场化程度较低，消费者认知水平也较低，市场对于消费者决策和需求的了解较少。因此本书从多方面对消费者作物营养强化食品决策行为进行了探讨。首先，本书从产品比较和企业沟通策略匹配的角度出发，探讨影响消费者对作物营养强化食品的选择、购买意愿等决策行为的因素及内在机制。其次，通过选择实验，构建不同属性及层次水平组合的食品选择集，了解消费者对作物营养强化食品不同属性及层次水平的偏好，并估算消费者对作物营养强化食品的支付意愿。

第二节
本书撰写目标与撰写意义

一、撰写目标

本书旨在深入探讨消费者对作物营养强化食品的选择行为，明确消费者决策过程中的关键因素，并且量化这些因素对消费者购买意愿的影响。研究旨在建立一套完整的理论和实证分析框架，用以解释和预测消费者对作物营养强化食品的偏好和支付意愿，从而为企业市场定位、产品策略和政府相关政策制定提供科学依据。具体而言，本书的撰写目标归纳总结如下：

① 分析消费者在面对不同价格水平、不同营养水平的作物营养强化食品时，将对企业的沟通策略做出怎样的评估和反应，并探究健康意识和调节定向如何影响消费者的决策过程，以提高消费者对这些食品的购买意愿。

② 分析营养强化技术对消费者购买意愿的影响，阐明决策舒适度的中介作用，并考察消费者主观知识的调节作用。验证健康信念模型对我国居民作物营养强化食品选择意愿的解释和预测能力，识别影响购买意愿的关键因素。

③ 基于随机效用理论和 Lancaster 消费者理论，构建作物营养强化食品不同属性及水平的消费者选择组合，运用选择实验方法和 Mixed Logit 模型，估计消费者对作物营养强化食品不同属性及层次水平的支付意愿，并结合健康意识和

调节定向，细化特定消费者群体的偏好。

④ 全面探讨提高消费者对作物营养强化食品接受度的企业营销和政府政策及策略，从多个角度深入理解消费者对作物营养强化食品的决策行为及其影响因素，为推广营养强化食品提供科学依据和实践建议。

二、撰写意义

（1）理论意义

从理论层面上来看，本书的撰写意义在于：

拓宽了消费者行为理论的应用范围，特别是在作物营养强化食品领域。探索了相对价格比较、相对营养比较、营养强化技术、健康信念模型以及随机效用理论等理论在实际消费决策中的应用，并且考虑了消费者个人特质，如健康意识和调节定向。通过实证研究，加深了对消费者行为决策内在机制的理解。尤其是在消费者选择营养强化食品时，不同沟通策略与价格、营养价值之间的相互作用以及消费者个人健康意识和知识水平如何影响这一过程。通过分析消费者对营养强化食品的认知和购买行为，研究揭示了公共健康干预措施如何通过影响消费者决策来提高整体社会福利。

本书的研究还促进了跨学科研究和理论整合的发展，不仅受到经济学、心理学和营养学等多学科知识的影响，还通过将这些学科相结合，为消费者行为的理解提供了一个更全面的视角。例如，通过结合营养学的专业知识，可以更好地理解消费者如何处理健康信息，而心理学的概念可以帮助解释消费者为什么会或不会按照营养推荐标准来进行食物选择。对多方位决策模型的探讨，提供了对消费者做出购买决策时所依赖的多种因素（如心理、社会文化、经济和个人特征等）的深入分析，有助于我们更全面地理解和预测消费者的行为模式，尤其是在健康相关产品的选择上。

（2）现实意义

从现实层面上来看，本书的撰写意义在于：

研究揭示了消费者对微量营养素缺乏认识不足的现状，指出了提高消费者营养知识和健康意识的重要性，有利于培养社会公众的健康饮食习惯，并能够帮助企业采取有效的沟通策略帮助消费者做出更健康的食品选择，对于改善公共健康具有重要意义。同时可以启发政府和社会团体与媒体的合作，比如通过传播更容易理解的营养信息，或者使用网络和社交媒体对公众进行针对性的健康教育，以改变公众对食品选择的认识，并促进健康饮食习惯的形成。

为企业、生产者及政府部门提供决策参考。对企业和农业生产者来说，深入了解消费者行为有助于他们与零售商和营养教育者合作，推动形成更为健康且可持续的食品生产和供应链。企业可以利用这些研究结果来制订更有效的市场营销策略，促进营养强化食品的销售，同时帮助消费者做出更有利于健康的选择。生产者可以根据研究结果，调整产品特性，如营养素含量和价格，以满足消费者的需求和支付意愿，进而提高市场竞争力。研究结果为政府制定相关公共政策，如营养强化计划、营养标签法规和健康教育计划等，提供了科学依据。

从技术创新和经济发展角度来说，基于消费者行为研究的洞见，食品科学家和技术开发者可以开发出符合消费者需求的新产品。比如，通过采用创新技术提高食品的营养素生物可利用率或者运用新型食品配料来满足消费者健康饮食的需求。研究营养强化食品的消费行为也可以帮助发现经济贫困地区的营养不足问题，并在全球范围内促进经济发展和减少健康不平等。最终有助于全球范围内实现联合国可持续发展目标（SDGs），特别是在消除饥饿、实现好的健康与福祉，以及确保可持续的消费和生产模式方面。通过促进消费者对营养强化和可持续生产食品的认知和接受，有助于全球范围内建立起更健康、更公平、更可持续的食品系统。

综上所述，本书不仅从理论上丰富了消费者行为和决策的学术研究，同时也为实际操作提供了实证支持和策略建议，有助于促进更健康的消费者选择和更高效的市场运作。

第三节
本书撰写思路与主要内容

一、撰写思路

本书首先对作物营养强化、消费者决策，以及消费者偏好和支付意愿相关的研究进行了回顾和总结，并对作物营养强化、消费者决策和消费者支付意愿等相关的变量进行了明确的定义。在解释水平理论、调节定向理论、计划行为理论等的基础上，构建了消费者作物营养强化食品的消费者决策模型，运用实验法,从相对价格、相对营养水平、营养强化技术等视角,分析探讨了消费者作物营养强化食品选择决策,并进一步探究了其内在的影响机制,以及消费者健康意识、调节定向、消费者知识等因素的调节作用。

之后在随机效用理论和 Lancaster 消费者理论的基础上,提炼作物营养强化食品的突出属性并对各个属性及层次水平进行梳理,构建由不同属性水平组合的作物营养强化食品选择集。运用选择实验方法,通过消费者多次重复地选择,估计消费者对于作物营养强化食品各个属性及层次水平的偏好和支付意愿。同时,考虑到消费者的异质性,引入消费者健康意识和调节定向,借助 Mixed Logit 模型计算特定类型消费者对作物营养强化食品各个属性及层次水平的偏好。最后,在以上研究的基础上,根据研究结论从企业和政府两方面,探讨作物营养强化食品的推广策略,以及与作物营养强化食品相关的政策制定。

二、主要内容

本书以理论分析为基础,建立消费者作物营养强化食品的消费决策模型,并进一步构建不同属性水平组合的作物营养强化食品选择集。通过实证研究探讨影响消费者决策的因素,以及估算消费者对作物营养强化食品各个属性及层次水平的偏好和支付意愿。最终为作物营养强化食品的推广提出相应的对策和建议。本书共九个章节,每章节具体内容如下:

第一章:概述。主要阐述了研究背景、研究目标和研究意义、研究思路与主要内容以及研究方法与技术路线,并在最后讨论了本书可能存在的创新。

第二章:作物营养强化发展情况及相关因素。本章主要对国内外关于作物营养强化、消费决策行为,以及消费者偏好和支付意愿的相关研究进行了总结和梳理。具体而言,在关于作物营养强化的相关研究方面,主要总结梳理了营养强化的内涵与意义、国际作物营养强化的研究进展,以及中国作物营养强化的研究进展。在消费决策行为的相关研究方面,主要包括消费者个人因素、产品因素,以及环境因素对消费决策行为的影响研究。在消费者偏好与支付意愿的相关研究方面,主要对变量的测量、影响因素等进行了梳理,同时梳理了已有的关于消费者作物营养强化食品偏好和支付意愿的相关研究。

第三章:相关概念界定与理论基础。在相关概念的界定方面,首先对作物营养强化相关的概念进行了界定,之后对消费者行为与消费决策、消费者偏好以及消费者支付意愿的概念进行了界定，最后对产品属性及层次进行了说明。在理论基础方面，主要对解释水平理论、调节定向理论、随机效用理论和 Lancaster 消费者理论等进行了介绍，为本书的模型构建提供了理论依据。

第四章：产品相对价格比较与企业沟通策略匹配对消费者决策的影响。本章首先通过理论推导提出了本章的研究假设，构建了相对价格比较与企业沟通策略的匹配对消费者决策影响的研究模型。然后通过三个消费者实验，运用实证分析方法对研究假设进行了检验。最后对研究结果进行了总结分析。

第五章：产品相对营养比较与企业沟通策略匹配对消费者决策的影响。与第四章相似，本章同样首先通过假设推导提出了本章的研究假设，并构建了相对营养比较与企业沟通策略的匹配对消费者决策影响的研究模型。之后同样采用实验法，通过三个实验对研究假设进行了验证，并对研究结果进行了总结分析。

第六章：产品类型、主观知识对消费者购买意愿的影响研究。本章节主要从营养强化技术类型角度出发，探讨消费者对于不同类型的作物营养强化食品购买决策机制，并进一步分析了消费者决策舒适度与主观知识对购买意愿的影响。

第七章：消费者作物营养强化食品选择影响因素研究。本章在健康信念模型的基础上，引入消费者健康意识，以作物营养强化食品为研究对象，构建了消费者作物营养强化食品选择模型。采用问卷调查法，从感知易感性、感知益处、自我效能等六个维度深入分析了我国消费者作物营养强化食品选择的影响因素。

第八章：消费者对营养强化食品的偏好与支付意愿研究。本章进一步深入产品属性层面，估算了消费者对作物营养强化食品各个属性及层次水平的支付意愿。通过消费者访谈和专家小组讨论，确定作物营养强化食品的主要属性和各个属性的层次水平，采用部分因子设计构建了作物营养强化食品不同的属性层次组合，并采用选择实验法，运用 Mixed Logit 模型估计消费者对作物营养强化食品各个属性及层次水平的支付意愿。同时引入消费者个人特质变量，进一步分析了特定类型消费者对作物营养强化食品的偏好，并根据估计结果对消费者作物营养强化食品的偏好和支付意愿进行了总结分析。

第九章：结论与对策建议。本章主要在前文分析的基础上，根据研究结果对本书的主要结论进行了总结。针对所获得的研究结论，从企业角度和政府的角度对作物营养强化食品的推广提出了相应的对策建议。同时，指出了本书的不足之处，并对未来的研究方向进行了展望。

第四节
本书内容特色与创新

一、理论与实证研究紧密结合

本书结合理论研究与实证研究，通过不同的消费者实验，探究消费者对作物营养强化食品的选择、购买意愿、消费者偏好及支付意愿。以理论分析为先导，实证研究为主，主要采用如下研究方法：

① 通过整理已有研究，了解国内外有关作物营养强化食品、消费者决策、消费者偏好及支付意愿等方面的理论和前人的研究成果，并梳理总结成本书的综述部分，同时为本书提供参考及理论支撑。

② 通过问卷调查和消费者访谈，了解消费者对作物营养强化食品的认知、购买决策等行为。同时了解影响消费者选择作物营养强化食品的因素，以及对于作物营养强化食品不同属性的偏好。

③ 运用准实验法，从产品比较（价格、营养）、产品类型等角度，探讨了信息沟通及消费者健康意识、主观知识等因素，对消费者选择及作物营养强化食品推广的影响。

④ 运用选择实验法，构建由不同属性及层次水平组成的作物营养强化食品选择集，通过消费者重复多次的选择，了解消费者对作物营养强化食品不同属性及层次水平的偏好，并估计消费者对营养强化属性水平的支付意愿。

⑤ 运用实证分析方法，主要采用多因素方差分析法、Bootstraping 分析法等检验产品比较和企业沟通策略的匹配对消费者决策的影响。并运用 Mixed Logit 模型估计消费者对作物营养强化食品不同属性及层次水平的偏好和支付意愿。

二、有清晰的技术路线图

根据本书的研究内容绘制了本书内容所涉及的技术路线图。具体内容详见图 1-1。

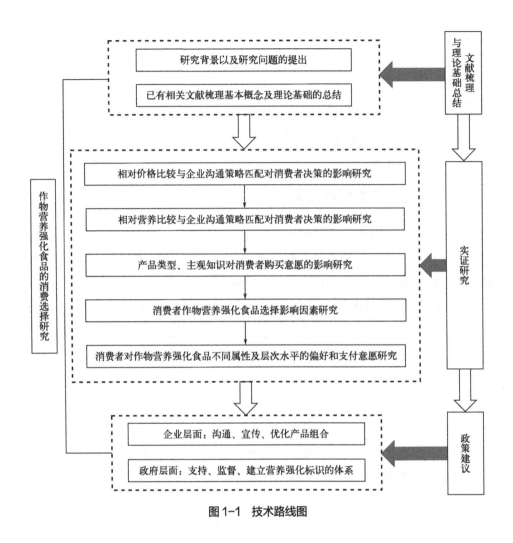

图 1-1 技术路线图

三、体现领域多方面创新成果

本书在以下方面存在一定的创新之处：

① 已有的关于作物营养强化食品的研究主要从营养干预的角度出发，探讨了作物营养强化食品对提高人体微量营养素含量的效果，并没有进一步从产品推广的角度探讨信息沟通对消费者作物营养强化食品接受程度的影响，也很少有研究从消费者个人特质角度进行分析。作物营养强化食品是一种创新型农产品，因此本书首先从产品比较的视角出发，探讨了相对价格比较和相对营养比较与企业沟通策略的匹配对消费者决策的影响。并且，进一步分析了消费者健

康意识、消费者主观知识、调节定向等因素的影响。

② 在作物营养强化食品的消费者研究方面，已有研究仅仅探讨了消费者对作物营养强化食品整体的支付意愿，并没有进行更加深入的分析。而消费者在选购产品时，往往会更多地关注产品的属性特点对自身需求的满足。因此，在已有研究的基础上，本书进一步深入作物营养强化食品的属性层面，估计了消费者对作物营养强化食品不同属性及层次水平的偏好和支付意愿。并依据消费者健康意识和调节定向对消费者进行了分组，进而分析了特定消费者对作物营养强化食品各个属性及层次水平的偏好。

③ 根据研究结论，本书分别从企业层面和政府层面提出了一些切实可行的对策建议，为作物营养强化食品的推广提供了一些政策创新。在企业层面上，本书建议企业在进行产品宣传的同时，不要一味地只注重宣传产品的特点和功效，而要从产品比较的视角出发，针对不同的作物营养强化食品采取适当的宣传策略。并且，在企业进行宣传时，不仅仅要关注产品的宣传，还要注重消费者健康意识的提升和消费者疾病预防倾向的培养。与此同时，提供多种不同属性层次组合产品，满足不同类型消费者的需求，也是值得企业重视和思考的方向。在政府层面，除了加大对作物营养强化食品企业的支持力度、提升政府自身公信力之外，建立营养强化认证标识体系可以有力地提升消费者对作物营养强化食品的选择，促进作物营养强化食品市场的正常发展。

第二章
作物营养强化发展情况及相关因素

第一节
作物营养强化相关研究

一、营养强化的内涵与意义

营养是机体消化、吸收、利用食物或营养物质的过程,也是人类从外界获取食物满足自身生理需要的过程。营养素是为了保证机体正常生命活动所必须摄入的营养物质。营养物质主要包括蛋白质、脂类、碳水化合物等宏量营养素,同时为了保证营养物质的有效吸收、利用,人体还需要很多必需的微量营养素,例如铁、锌、维生素 A 等。微量营养素缺乏已经成为威胁人类健康的第五大问题,并且全球 50% 以上的人口都存在微量营养素缺乏的问题,我国存在微量营养素缺乏的人群就有 3 亿之多,而且数量还在不断地增加(WHO, 2002; Welch and Graham, 2004; White and Broadley, 2009)。而微量营养素缺乏中铁缺乏和锌缺乏尤为严重,全球近 25 亿人口存在铁营养素缺乏问题(Saltzman, et al, 2017),其中亚洲和非洲等发展中国家尤为严重(Gómez-Galera, Rojas and Sudhakar, 2010)。微量营养素的缺乏不仅严重影响了世界居民的身体健康状况(Group, Brown and Rivera, 2004; Cakmak, 2008; Rawat, Neelam and Tiwari, 2013),也对世界经济的发展产生了重大影响。

为了改善和解决微量营养素缺乏带来的不利影响,世界各国都在做着积极的努力。传统的解决微量营养素缺乏问题的方法主要有三种:食物强化、营养素补充剂和饮食多样化。食物强化指在食品生产或加工过程中,额外添加需要补充的微量营养物质,例如加碘食盐、铁强化酱油、高钙牛奶等都属于食物强化。营养补充剂的使用指的是通过直接服用微量营养素药剂等,在短时间内快速补充人体所缺的微量营养素,例如硫酸亚铁、葡萄糖酸亚铁等。饮食多样化是改善微量营养素缺乏的最终途径,政府通过倡导居民在日常饮食过程中,注意膳食搭配、均衡营养,增加膳食中微量营养素的种类和数量(Traore, Banou and Sacko, 1998),从而满足人体对各种微量营养素的需要,保证居民的营养健康。饮食多样化看似简单,但和其他两种营养干预办法相比,饮食多样化受到经济状况的制约非常大,仅仅适用于经济发展水平较好的国家和地区(Bouis, Hotz and McClafferty, 2011),对一些地处偏远、经济发展落后的国家和地区来说营养问题远在温饱问题之后（Wessells and Brown，2012）。除此之外，为了保证饮食多样化，必然需要改变人们的饮食习惯，但不同地区、不同种族、不同文化背景下的人们，在食物的选择和食物的加工储存过程中也存在诸多的不一致，而且通过饮食多样化来达到营养补充、营养均衡所需的时间太长（Allen，2003）。能在短时间内快速解决营养素缺乏问题的方法主要是食物强化和营养补充剂的使用。而这两种通过额外添加的方式进行营养素补充的方法都属于外源强化，对社会政策、基础设施，以及持续的资金支持都有很高的要求。对于没有能力购买这些营养强化食品的家庭，或者对于营养强化食品没有涉及的偏远地区，这些方法都难以获得有效的推广和实施（White and Broadley，2009；Johns and Eyzaguirre，2007）。

近年来，随着作物遗传技术的发展，国际上研发了一种新型的改善人体微量营养素缺乏的方法，即通过传统育种、基因工程等手段，提高作物中微量营养素含量，以增加人体对微量营养素的吸收，解决或预防微量营养素缺乏造成的危害（林黎等，2011；张金磊、李路平，2014）。相比于传统的营养干预手段，作物营养强化（biofortification）被认为是缓解微量营养素缺乏最有希望、成本效益最大，并且可持续性最强的方法（Ortiz-Monasterio, Palacios-Rojas and Meng，2007；Bouis and Welch，2010）。作物营养强化，也称为生物强化，指通过提高食用作物中微量营养素的含量或生物利用性的过程，提高人体可吸收利用的微量营养素含量（White and Broadley，2009；Hirschi，2009），其目的首先是解决贫困国家和地区由于营养缺乏而导致的一系列问题，其次是在不改变人们饮食习惯的前提下，通过这种经济有效的方法，预防全球性营养缺乏问题的出现（范云六，2007）。作物营养强化主要分为农艺强化和基因强化两种（Banuelos and Lin，2010），既可以通过传统的育种技术，采用叶面施肥、土壤施肥、种子浸泡等办法提高作物中微量营养素的含量，也可以通过基因工程技术增加人体可以吸收利用的微量营养素含量。目前，作物营养强化在铁、锌、硒等强化方面更多地采用的是农艺强化技术，见效快，也更易于消费者接受（White and Broadley，2009）。与其他强化技术相比，作物营养强化技术具有很多的优势。第一，通过作物营养强化技术研发的作物生产工艺简单，培育成功之后可以直接替代原有作物进行种植，并且食用方便安全。第二，通过作物营养强化技术培育出的农作物并不会影响其产量。就目前已有的品种来说，作物营养强化的作物不仅表现出更大的产量，还可以帮助作物更好地抵抗疾病及其他环境的影响，提高作物种植的成活率（林黎、曾果、兰真等，2011），对农户来说更易于接受,从而有利于品种的推广。第三,作物营养强化技术具有较高的可持续性。当农户种植成功之后,农户只需通过简单的方法便可以留种自用,继续进行种植。第四,对国家和政府来说,与其他营养强化技术相比,由于作物营养强化技术的改善成本更低,因此惠及的人群就可以更多更广,即便是偏远贫困地区的人们,也可以吃到作物营养强化食品,从而提高体内所需的微量营养素含量,减少疾病的发生。第五,作物营养强化技术主要运用在水稻、小麦、玉米等粮食作物上,生产的食物主要作为主粮食用,因此不需要改变人们已有的饮食习惯,更容易被消费者所接受。同时,通过正常食用作物营养强化食品进行微量营养素的补充,可以避免微量营养素补充过量带来的潜在危险(刘楠楠、严建兵,2015)。

2008年《哥本哈根共识》将微量营养素缺乏列为威胁人类健康的第五大问题,而作物营养强化是缓解或者根除微量营养素缺乏的最经济而有效的途径。特别是对于贫困国家和地区,通过作物品种置换,将传统的小麦、水稻、玉米品种逐步转换为高微量营养素的农作物,并以此为基础,可以长期有效地改善贫困国家和地区人们存在的营养不良和微量营养素缺乏问题(Mayer, Pfeiffer and Beyer, 2008),不仅有利于解决贫困地区的营养健康问题,还可以帮助政府节省更多的资金进行基础设施建设(Stein, Meenakshi and Qaim, 2008)。营养健康问题的解决,不仅可以减少疾病的发生,同时更好的身体也是劳动力的有力保证。因此,微量营养素缺乏问题的改善,还可以从根本上解决劳动力不足的问题,从而更好地促进社会经济的长足发展,改善地区的贫困状况。

目前,作物营养强化主要集中在水稻、小麦、玉米、甘薯等主要的粮食作物上。强化的微量营养素主要是铁、锌、维生素A等居民缺乏较为严重的几种微量营养素。

(1)"铁"营养素

铁缺乏是主要的微量营养素缺乏症之一,全球约有超过30%的人存在铁缺乏以及铁元素摄入不足的问题。铁缺乏最直接的表现就是缺铁性贫血,直接影响人体正常的生长发育,对妇女及儿童来说影响更为严重。铁缺乏作为最为严重的微量营养素缺乏症之一,在一些以植物性食物为主的发展中国家和贫困地区普遍存在。铁元素在膳食中主要以两种形式存在,其一就是以血红蛋白、肌红蛋白等形式存于瘦肉、血液及动物内脏中的血红素铁;其二为存在于蔬菜、水果以及谷物中的非血红素铁。造成铁缺乏的主要原因就是膳食中存在大量的谷物及植物性食物，由于食物中铁含量的不均衡，造成人体吸收利用的不均衡，由此引发了一系列缺铁性疾病（谢传晓、王康宁、张德贵等，2007）。就拿水稻来说，不同品种的水稻之间由于基因的不同性状差异很大，含铁量也存在明显差别，但即便是含铁量最高的品种也很难满足科学营养推荐的每日铁摄入标准（Hansen, Lombi and Fitzgerald, 2012）。世界上大部分人以谷物作为主食，分析我国居民的膳食结构也不难发现，我国居民通过膳食吸收的大部分热量、蛋白质以及微量元素超过50%都来自谷物等植物性食物（李华雄、杨克诚、荣廷昭等，2007）。一直以来，许多科学家都致力于培育高铁作物（何万领、李晓丽、禹学礼等，2010），由于人体对主粮的需求非常大，每天主要的膳食摄入都依赖主粮，因此一旦提高了主粮中铁营养素的含量，在一定程度上可以有效地缓解铁营养素缺乏的现状，对于改善人体健康具有重要的意义。

（2）"锌"营养素

锌是人体必需的微量营养素，也是所有人群都很容易缺乏的微量营养素。锌缺乏作为最主要的营养素缺乏症之一，在世界各国都普遍存在。全球每年因锌缺乏导致的5岁以下儿童死亡的人数高达11.6万，根据食物中有效锌含量的总量以及5岁以下儿童身高不足的发生率进行估计，全球约有17%甚至更多的人群存在锌营养素缺乏的问题（Bryce, Black and Victora, 2013）。锌营养素缺乏最主要的表现就是生长发育迟缓、食欲下降、皮肤粗糙，更进一步还会影响人体免疫功能，男性的性功能水平等。现在，越来越多的家长认识到儿童补锌的重要性，但成人锌缺乏现象一直没有得到很好的重视。与铁营养素不同，由于锌营养素的特性，当人体极其缺乏锌营养素时，骨骼和肌肉中存在的锌营养素会被机体释放，从而维持血液中的锌含量（Golden, 1995）。因此，锌缺乏症状的确定，需要专业人员对身高体重的长期跟踪监测。但人与人之间在各方面都存在很多差异，加上到目前为止学术界和医疗界并没有一个非常便捷又有效的方法来检测人体的锌营养素含量，不能明确区分血液中锌营养素的来源，导致了锌营养素缺乏问题没有得到及时的重视和解决（Prasad, 2003）。锌在人体的生长发育过程中参与多种酶的合成，而酶又是人体生理活动的重要生物催化剂，因此可以说，锌营养素几乎参与了人体所有的代谢活动。自20世纪60年代伊朗和埃及被报道存在缺锌患者以来（Prasad, Miale and Farid, 1963; Prasad, Halsted and Nadimi, 1961），各国的科学家们都在积极研究，探究锌营养素在人体中的吸收利用以及锌营养素对人体健康的重要作用（Prasad, Shivay and Kumar，2013；Chasapis，Loutsidou and Spiliopoulou，2012；Hershfinkel，2005）。通过作物营养强化，提高小麦、水稻等主粮作物中锌营养素含量，可以有效改善锌缺乏现象，对于解决贫困国家和地区人们的营养健康问题具有重要意义（Chen，He and Yang，2009；Zhang，Sun and Ye，2012；Wu，Feng and Shohag，2011；白琳、张勇、黄承钰等，2010；郝元峰、张勇、何中虎，2015）。

（3）"维生素 A"营养素

维生素 A 是一系列脂溶性维生素 A 的统称，在机体内不同形式的维生素 A 承担着不同的功能。维生素作为人体必需的微量营养素，由于只能从食物中摄取，不能自身合成，因此维生素 A 缺乏症也是世界五大微量营养素缺乏症之一。众所周知，维生素 A 与视力密切相关，缺乏维生素 A 最直接的表现就是夜盲症。维生素 A 的缺乏对儿童来说危害更为明显，缺乏情况也更为严重。世界卫生组织调查显示，全球至少有 520 万学前儿童患有夜盲症，存在维生素 A 缺乏的问题。就我国的情况来说，在云南、贵州、四川等偏远地区的学前儿童维生素 A 缺乏现象严重，并且已经严重威胁到了我国儿童的身体健康（滕红红、王晓华、李辉，2006；林良明、刘玉琳、马官福等，2002）。就目前情况来讲，我国属于维生素 A 中等缺乏的国家。但是，过量或缺乏维生素 A 都会损害人体健康，维生素 A 缺乏会造成眼部干涩、夜盲症、皮肤毛囊角质化、免疫力降低，容易感染疾病甚至导致死亡（Sherwin，Reacher and Dean，2012）。而维生素 A 摄入过量则会导致中毒，产生胡萝卜素血症，皮肤变黄（Zhong，Kawaguchi and Kassai，2012）。因而，维生素 A 的适量摄入对人体健康非常重要。

二、国际作物营养强化及 Harvest Plus 研究进展

20 世纪 90 年代初期，国际农业研究磋商组织（CGIAR）研究中心首次提出要培育高富含微量营养素的作物新品种，用以解决全球微量营养素缺乏的"隐性饥饿"问题。随后，在国际农业研究磋商组织的支持下，这项具有现实意义的项目逐渐开展起来。起初，研究中心主要将作物品种的选育目标定为富铁水稻、高维生素 A 玉米、富铁大豆以及高维生素 A 甘薯。该项目主要依托国际热带农业研究所（CIAT）和国际粮食政策研究所（IFPRI），由国际粮食政策研究所发起并组织协调，包括美国、澳大利亚等国家的研究中心共同参与研发。2003 年，生物强化项目正式启动，并在 2013 年 7 月更名为"Harvest Plus"。该

项目强调，新的作物品种不仅在产量上要更多，在营养方面还要富含更多的微量营养素，致力于解决全球微量营养素缺乏问题。20世纪末，国际粮食政策研究所制订了多项谷物品种研发计划，重点研发和培育高微量营养素谷物作物。生物强化项目是一个多领域、跨学科的交叉合作项目，截至目前，共有来自40多个国家，300多位科学家参与其中，涉及的方面主要有育种、栽培、营养、农业经济、市场营销等多个领域。

虽然到目前为止，生物强化的项目开展只有短短的十数年时间，但不能否认的是其有着强大的生命力，并且是解决全球微量营养素缺乏问题最为经济有效的办法。经过十多年的发展，生物强化项目共经历了三个发展阶段：第一阶段2003年至2008年。项目开始初期，主要是对微量营养素缺乏状况，以及营养补充需求进行大致的了解，明确"隐性饥饿"的主要人群及该类人群的膳食结构，特别是主粮方面的需求和饮食习惯，从而更好地制订项目研发的育种目标。在项目开始的第一阶段，研发人员也对已有的作物种子进行了筛选，并进行了相应的技术分析。第二阶段是2009年至2013年，主要进行的是技术的研发。在第一阶段调查的基础上，研发人员主要对已有的优质种子进行改良，并对新作物品种的生物有效性、微量营养素的保持及在人体中的有效性进行分析。同时，考虑新品种的基因因素，以及生长环境因素。第三阶段在2014年至2018年，新品种的研发工作基本结束，接下来需要进行的就是作物新品种的审定和推广工作。推广工作不仅包括提高农户对于新品种的种植意愿，同样也包括提高消费者对于作物营养强化农产品的接受意愿。与此同时，微量营养素强化了的新型主粮作物，对于人体微量营养素缺乏状况的改良效果究竟如何，也是这一阶段主要的任务之一。

目前，作物营养强化项目主要涉及的作物包括水稻、小麦、大豆、玉米、甘薯等，强化的微量营养素主要包括铁、锌和维生素A等，目标国家和地区主要集中在非洲和南亚等经济相对落后贫困的地方（Bouis HE and Welch，2010）。在国际玉米小麦改良中心（CIMMYT）和印度等多国科研机构的努力下，锌强化小麦中的锌营养素含量已经达到25～36mg/kg，并且营养改善实验已经证明对于锌缺乏问题的缓解具有明显的效果。同时，运用多种生物强化技术培育出来的富锌玉米也获得了成功，锌营养素含量达到50～62mg/kg。经过两代杂交培育出的高类胡萝卜素的黄色玉米也取得了成功，进行的动物实验结果也证明了对维生素A缺乏症状的改善具有明显效果（Howe，Tanumihardjo and Seifried，2006）。在国际热带农业研究所和国际粮食政策研究所的不懈努力下，铁强化小麦 PBW343 中微量营养素的含量也提高到原来的 2.4 倍。国际马铃薯中心（CIP）经过多年的努力也已经成功培育了多个富含类胡萝卜素的新型甘薯，并在南非和肯尼亚实验成功，在莫桑比克和乌干达进行推广种植（Yanggen and Nagujja，2006；Njeru，Kapinga and Potts，2005；Low，Arimond and Osman，2007）。Van Jaarsvel 等（2006）也在肯尼亚成功筛选出 34 种高类胡萝卜素的甘薯进行推广种植。在亚洲开发银行（ADB）和国际粮食政策研究所的共同支持下，在菲律宾进行了富铁大米干预实验。实验结果表明，与控制组相比，食用富铁大米的人员体内铁含量提高了 20%。目前，印度、巴基斯坦等缺铁、缺锌较为密集的地区已经推广种植了高铁、高锌的小麦，并在改善微量营养素缺乏方面取得了一定成效。

三、中国作物营养强化及 Harvest Plus-China 研究进展

中国于 2004 年正式参与作物营养强化国际合作项目，主要包含 8 个试点课题、4 种作物（水稻、小麦、玉米、甘薯）研究和 3 种微量营养素（铁、锌、维生素 A），并且取得了多项重要研究进展。全国共有 100 多位分别来自作物遗传、改良育种、人体营养、农业经济、市场营销等各方面的专家学者参与了研究。为了证明营养强化作物的有效性，国家疾控中心和许多地方疾控中心等单位也参与其中，共同为解决我国居民的"隐性饥饿"问题努力奋斗。经过十多年的研究，我国已经建立了完善的、全国性的、多学科的组织研发团队，同时建立了拥有国际标准的微量营养素分析技术平台。在短短十数年间，成功举办多次国际国内会议，邀请众多国际和国内知名专家进行交流学习。2009 年在中国生物强化项目办公室组的支持下，编写出了《生物强化在中国》一书（张春义等，2009），以营养素为主线，系统地介绍了中国的生物强化项目和技术。让中国的消费者在了解生物强化的同时，重视微量营养素缺乏问题。除此之外，中国作物营养强化项目组还建立了"中国作物营养强化网"，并通过互联网、报纸、杂志以及新媒体等形式，向公众介绍什么是作物营养强化、为什么要开展作物营养强化项目、微量营养素缺乏的危害、如何预防由微量营养素缺乏导致的疾病，以及我国在改善微量营养素缺乏的问题上做了哪些努力等内容。我国的作物营养强化研究不管是在作物品种的培育、人体营养实验，还是在经济效益评估和介绍推广宣传等多方面都取得了重要成果，获得了国际上的一致认可。

第二节
消费决策行为的相关研究

一、消费者个人因素对消费决策行为的影响

消费决策或购买决策的最终决定权始终在消费者手里，而消费者在进行产品消费时很多时候会受到个人态度、认知，以及知觉行为控制等因素的影响（周应恒、王晓晴、耿献辉，2008；Michaelidou and Hassan，2010；Dean Raats and Shepherd，2012；Nuttavuthisit and Thøgersen，2015；Lee and Yun，2015）。因此，消费者态度、消费者认知以及消费者知觉行为控制等消费者自身因素对消费决策具有重要的影响。

关于消费者食物决策行为，国内外学者都进行了深入的研究与探索。已有研究表明，消费者对于食物的选择，很大程度上取决于消费者的信赖程度。这种消费者信赖，不仅仅是对产品本身的信赖，更多的是对产品标签（Marian, Chrysochou and Krystallis，2014；Nuttavuthisit and Thøgersen，2015）和政府监管部门以及安全食品公共认证机构的信赖（罗丞，2010；夏晓平、李秉龙，2011）。例如，对于绿色产品的购买，消费者对绿色食品的了解越多，对于绿色食品的态度越正面，消费者对绿色食品的购买意愿就越高，越倾向于做出购买决策（孙剑、李崇光、黄宗煌，2010）。相反，由于消费者对绿色食品的不了解，对于绿色食品标签存在疑虑，且绿色食品价格相对较高时，消费者就很难做出购买决策（Thøgersen，2011；Marian, Chrysochou and Krystallis，2014）。对于有机食品和安全食品，消费者态度同样是消费者做出购买决策的先决条件（Meifang，2007）。已有研究表明，缺乏对有机食品的信任是导致消费者购买意愿降低的重要因素，这也直接影响了有机食品的市场推广（Nuttavuthisit and Thøgersen，2015）。除此之外，我国学者的研究也指出，消费者对于政府食品安全监管部门或公共食品安全认证部门的信赖程度会正向影响我国消费者对于食品的选择。例如，我国学者夏晓平和李秉龙（2011）的研究表明，消费者对政府食品安全监管部门的信赖程度越高，消费者越倾向于购买品牌羊肉。

消费者认知也是影响消费决策的重要影响因素之一，消费者对食品的认知水平越高，越容易做出购买行为（Andrewp, Petra and Kairsty，2008）。例如，对于可追溯农产品，当消费者对可追溯标签信息了解得越多，即消费者对于可

追溯信息的认知水平越高,越能够促进消费者对于可追溯食品的购买(周应恒、王晓晴、耿献辉,2008;饶隽隽、张敏,2014)。消费者认知不仅可以直接影响消费者的购买决策,还可以通过影响消费者态度,进而影响消费者购买决策。例如我国学者王楠和何娇(2016)的研究指出,消费者对于有机食品的购买意愿,主要受到了消费者对有机食品的态度影响,而消费者对有机食品的认知是影响消费者态度的最主要因素。消费者对于有机食品的认识水平越高,了解越多,越能显著地促进消费者对于有机食品的购买(Gracia and Magistris,2008)。但我国消费者周应恒和卓佳(2010)的研究表明,当消费者对于食物的风险认知越高时,消费者对食品的担忧越多,对于食品的态度也就越负面,进而会显著降低消费者的购买意愿。消费者认知也是消费者知识的体现,而消费者知识主要包括主观知识、客观知识和与产品或服务相关的以往经验的借鉴(Brucks,1985)。与消费者客观知识相比,消费者主观知识和经验对消费决策的解释力更强(Selnes and Troye,1989;Raju, Lonial and Mangold,1995)。消费者主观知识越高,消费者对产品的认知越多,越容易影响消费者对于食品的选择(刘贝贝、青平、游良志,2018)。除此之外,消费者自我知觉控制,即消费者对自我行为的把控能力,或者说消费者对于消费决策的决定能力,也在一定程度上影响了消费者对于产品的选择(Dean Raats and Shepherd,2012;Bai, Tang and Yang,2014)。

二、产品因素对消费决策的影响

除了消费者态度、认知等因素会影响消费决策之外,消费者的产品体验也对购买决策起到了重要的作用(McCabe and Nowlis,2003)。而产品本身因素,例如产品价格、产品包装、产品标签等因素也对消费决策具有重要影响。首先,产品的价值判断是影响消费者购买决策的重要因素,当消费者对某一产品的价值判断较高时,消费者会更倾向于购买产品(Wang and Huscroft,2018;Chang and Wildt,1994)。而消费者对产品的价值判断往往跟经济因素紧密联系在一起,即产品价格是影响消费决策的重要影响因素之一。高价格一直是制约消费者购买的重要因素,有研究表明,高价格是购买有机食物和绿色食品的永久性障碍(Aschemann and Niebuhr,2013)。但中国有句老话叫作"一分价钱一分货",同样有很多消费者认为"高价格=高质量",对于同一种类型的产品来说,价格高就是产品质量好的直接体现(Mishra and Nayakankuppam,2006)。在食物消费方面也有与此类似的研究,很多消费者认为"高价格=更健康",即食物的价钱越贵，说明食物本身越健康，使用的食材越好，消费者购买意愿也会越高（Haws, Reczek and Sample, 2015）。

除价格之外，食品本身的属性对于消费决策的影响也是显著的。例如，社会公众现在越来越注重营养与健康问题，因此食品的健康属性对于消费者购买决策具有重要的影响（Lee and Yun, 2015; Newman, Howlett and Burton, 2016）。相比于一般食品，因为消费者认为有机食品更健康，所以现在越来越多的消费者的选择购买有机食品（Lee, Chang and Cheng, 2018）。除了食品本身的健康属性之外，食物的展现形式对于消费者的选择也有很大的影响。例如，有的研究表明，文字促进了与目标相关的食物特征的敏感性（如对健康的影响），而图片则促进了与诱惑相关的食物特征的敏感性（如美味）（Carnevale, Fujita and Han, 2015）。并且，仅仅是提供不健康食物的图片都会刺激消费者情感冲突，不仅会刺激大脑皮层关于情感、动机部分，还会引起对不健康食物的渴望，以及随之而来的负面影响，如内疚和抑郁等，进而影响消费决策（Kilgore, Young and Femia, 2003; Fletcher, Pine and Woodbridge, 2007）。

很多研究表明，食品标签以及食品包装也是影响消费决策的重要因素，不仅如此食品包装上的信息对消费者选择产品也具有很大的影响（Newman, Howlett and Burton, 2016; Argo and White, 2012）。例如，有健身标签或者节食标签的食物，能够显著地促进减肥消费者的购买（Koenigstorfer and Baumgartner, 2016）。除此之外，食品包装的大小也往往是消费者在做出购买决策时考虑的重要因素。很多关于食品包装的研究指出，相对于小包装食品，大包装食品会导致更多的食物消费（Roe, Rolls and Bordi, 2004; Wansink, Painter and North, 2015）。但又有研究指出，在特定的情况下，相较于大包装食物，小包装食物反而会导致更多的食物消费（Vale, Pieters and Zeelenberg, 2008; Scott, Nowlis and Mandel, 2008）。

三、环境因素对消费决策的影响

在消费者进行购买决策的过程中，环境因素的影响也不容忽视。其中，最常见的就是家人和朋友对于购买决策的影响，特别是在食品购买的过程中，家庭成员的喜好、认知，以及朋友对于所购买食物质量、种类的看法，都会影响消费者当下或以后的购买决策（Hansen T, Jensen and Solgaard, 2004）。不同消费者由于个人特质的不同，对于他人意见的反应也有所不同，而理性的消费者在选择不同属性食品时，一般会认真地考虑他人意见与建议，重新思考并审视自己的消费决策（Wycherley，Mccarthy and Cowan，2008）。

根据计划行为理论，社会规范是影响消费者行为的重要影响因素，对于消费决策同样有显著的影响（Jennifer，Dahl and Manchanda，2005）。社会规范不仅可以通过社会压力影响消费者情绪进而影响消费决策，还为消费者行为提供了有益的参照（Huylenbroek，Aertsens and Verbeke，2009），因此消费者总会根据社会规范去调整自己的行为。例如，吃什么、什么时候吃、吃多少等问题，他人的行为会影响消费者对于社会规范的感知，进而对消费者接下来的行为产生影响（Burger，Jerry and Heather，2010；Herma，Roth and Polivy，2003）。例如，有研究表明，他人的非健康食物消费行为会被认为是一种社会规范，从而增加消费者对于非健康食物的选择，甚至仅仅是他人在食用非健康食物的图片都能够显著促进消费者的非健康食物消费行为（Poor，Duhachek and Krishnan，2017）。

除此之外，社会公共政策及购物渠道等因素对消费者的决策行为也具有重要的影响。例如，我国公共政策对有机食品的支持和推广能够提高消费者对有机食品的选择（Aschemannwitzel and Zielke，2017）。同样，具有较高的亲环境意图的消费者，更愿意去选择绿色食品（Grimmer，Kilburn and Miles，2016）。并且，当消费者态度与环境因素相一致时，环境或情境因素能够进一步强化消费者决策行为（Sirieix，Delanchy and Remaud，2013）。例如，对于那些在食品消费方面特别注重食品安全的消费者而言，政府对绿色食品的支持和推广就能够显著提高这些消费者对绿色食品的选择（Eckhardt，Belk and Devinney，2010；Vermeir and Verbeke，2006）。随着网络的不断普及与发展，越来越多的零售商选择线上线下等多种销售渠道并进的方式进行产品的销售，消费者也更加青睐拥有多种销售渠道，特别是包含线上消费渠道的零售商（London，Davies and Elms，2017）。

第三节
消费者偏好与支付意愿的相关研究

一、消费者偏好与支付意愿的测量

消费者偏好是指消费者对某一产品或服务的喜爱程度（张修志、黄立平，2007），而消费者支付意愿指消费者愿意为某种产品或服务支付的价格（Cameron and James，1987；Hanemann，2003）。消费者支付意愿不仅被应用于测量某一产品或服务的价值，也被用于测量消费者对公共政策的接受程度（Anderson，Black and Dunn，1997；Asafu and Dzator，2003；Jin and Kyle，2011），以及对于某一新产品而言的最优市场价格（Wertenbroch and Skiera，2002），因此有效评估支付意愿对市场发展具有重要影响。消费者偏好与消费者支付意愿两者之间往往是互相联系的，消费者对某一产品或服务越喜欢，对这一产品或服务的支付意愿就越高；反之，消费者的支付意愿越高，也可以在一定程度上反映消费者的偏爱程度越大。因此，对于消费者偏好和消费者支付意愿的测量，往往有两种方式：其一是根据消费者偏好的理性公理假设，进而分析消费者偏好对于消费者支付行为的影响；其二是根据消费者的支付行为，进而推导出消费者的理性偏好特征。在实际研究中，很多研究者会利用市场调查数据，通过问卷直接询问消费者自己愿意支付的最高价格，或者直接询问消费者的喜爱程度，即陈述性偏好法（stated preference method，SPM）。陈述性偏好法主要分为两类，即直接测量与间接测量。直接测量就是直接询问消费者愿意付出多少数额的金钱购买产品或服务，最主要的方法就是条件价值评估法（contingent valuation methods，CVM）。考虑到支付意愿的测量会受到多种因素的影响，因此大多数研究者多采取间接测量的方法来测量消费者对某一产品或服务的支付意愿，其中最常用的就是联合分析法（conjoint analysis，CA）和选择实验法（choice experiments，CE）。针对消费者显示性偏好的测量，研究者普遍采用实验法或利用市场真实观测数据进行分析。实验方法主要包括现场实验、实验室实验等，其中拍卖法（experiment alauctions，EA）是最为常用的一种实验室方法（Haye，Shogren and Shin，1995）。而利用市场数据分析主要包括面板数据和市场商店的扫描数据。

  条件价值评估法是在科学研究和市场评估中最早被接受，也是应用最广、影响最大的方法（Ciriacy，1947）。该方法主要是从消费者主观满意度出发，利用假想市场来估计商品或服务的价值。主要就是让消费者根据效用最大化的原则，想象对某一产品的最大支付意愿或最小补偿意愿（willingness to accept，WTA）。在条件价值评估法中，最常用的就是支付卡法（payment card）和两分式选择法（dichotomous choice）（Venkatachalam，2004）。条件价值评估法之所以受到学者们的欢迎，主要是因为其操作简单且便于消费者理解，因此在食物消费领域很多国内外学者利用条件价值评估法测量消费者对某一新产品的支付意愿。例如，我国学者周应恒（2008）和吴林海（2010）分别利用条件价值评估法测量了我国消费者对可追溯食品的支付意愿，研究结果表明我国消费者对可追溯食品普遍存在支付溢价。国外学者 Gunduz（2011）和 Tranter（2009）分别运用支付卡法和两分式选择法研究了不同国家的消费者对于有机食品的支付意愿，结果表明对于有机食品而言，大部分消费者存在支付溢价行为，甚至有些消费者的溢价在 110%~150% 之间。虽然条件价值评估法受到了很多学者的追捧，但近些年条件价值评估法的缺陷也受到越来越多学者们的质疑。因为没有真实的购买行为，因此在调查时很多消费者在测量过程中存在故意夸大的行为（查爱苹、邱洁威、黄瑾，2013）。与此同时，在假想的过程中很多消费者因为对产品不熟悉，或对产品属性信息的不明白而导致调查存在一定的困难（Carson，Flores and Martin，1996；韩青，2011）。

选择实验法主要是用于估计消费者对某一商品或服务具体属性支付意愿的方法（Ortega，Wang and Wu，2011；2012）。基于随机效用理论和要素价值理论（Thurstone，1994；Lancaster，1966），认为消费者选择的并不是某一个具体的商品，而是考虑自身效用最大化选择商品的具体属性。选择实验的操纵主要分为两个步骤，首先要根据商品特色，选择若干个消费比较重视的产品属性，其中必须包括产品的价格属性。然后，根据选择的不同属性水平组合成不同的商品，2~3 个商品再组合成一个选择集。其次，通过调查问卷等形式，让消费者想象在真实的购买环境中，消费者在每一个选择集中对产品的选择（Lusk and Schroeder，2004）。研究者运用选择实验法的优点在于通过消费者的重复选择，最大化地将支付意愿的调查进行量化。同时由于选择实验的趣味性增加了消费者的参与意愿，也较好地避免了个人的主观偏差。相比于条件价值评估法，选择实验法的运用能够同时考虑到同一产品的多种属性，更加接近真实市场中的消费者选择（Breidert，Hahsler and Reutterer，2006），但在前期问卷设计和后期数据分析的工作量上要远远大于条件价值评估法。虽然如此，选择实验法还是成为了进行支付意愿测量的首选方法，受到越来越多学者们的青睐。例如，我国学者吴林海等（2014）利用选择实验估计了我国消费者对于可追溯猪肉的支付意愿；尹世久等（2015）利用选择实验法，测量了山东消费者对于食品安全认证的偏好。学者胡武阳等（2012）也利用选择实验法调查了美国消费者对本地食品和其他附加信息说明的偏好。

联合分析法于 20 世纪 60 年代被提出（Luce and Tukey，1964），70 年代第一次在营销领域被运用（Green and Rao，1971），之后在消费者研究领域受到了广泛的运用和推崇。联合分析法主要用于确定消费者对产品不同属性、不同水平的重视程度,作为新产品进入市场之前的重要市场调研。其基本思想就是通过给消费者展现一个产品或服务的不同属性水平,请消费者根据自身情况进行主观判断,并按照消费者主观意愿进行排序、打分,之后根据数理统计等方法,对每一属性水平进行赋值。通过模拟消费者购买得出消费者偏好,进而选择出最符合消费者心理预期的产品组合。与传统的分析方法相比,运用联合分析法更加客观,同时能更高效地分析出消费者对于不同属性组合的偏好程度。外国学者 Puyares 等(2010)就利用联合分析法评估了消费者对于葡萄酒颜色和酒瓶形状的消费者偏好。我国学者吴林海等(2013)也利用联合分析法对可追溯食品市场需求进行了分析。有研究者认为在消费者研究领域,联合分析法与选择实验法不存在显著的区别(Ryan and Gerard, 2003)。但深入分析可以发现,从实验设计的角度来说,联合分析法更多的是基于纯数学的思想,单纯计算各产品属性组合的价值,呈现给消费者的选择在实际操作中可能根本不能实现。但选择实验法更多的是从消费者的真实选择行为角度出发,更加依赖经济学思想,并强调现实组合的可行性。从数据分析特别是误差处理的角度来讲,联合分析法认为误差对于消费者偏好的选择不存在影响,是事后的考虑;而选择实验法假设误差从一开始就存在,极端的系统误差很可能对结果产生显著影响。因此,相比于联合分析法,学者们更倾向于使用选择实验法进行分析与估计。

拍卖法于 20 世纪 60 年代提出(Vickey, 1961),是市场价格和资源分配的一种市场机制(Mcafee and Mcmillan, 1987),主要有升价拍卖法、降价拍卖法和第一价格保密拍卖法(Hellyer, Fraser and Haddock-fraser, 2012)。拍卖法真正被学者们接受并开始逐渐运用到消费者支付意愿的研究中是 21 世纪以来。例如,Soler 等(2002)运用拍卖法考察了西班牙消费者对于有机食品的支付意愿。同样有学者利用拍卖法测量消费者对于不同类型牛肉的支付意愿(Napolitano and Braghieri, 2010)。我国学者郑志浩(2015)利用三边界二分选择提问的方式估算了我国城镇消费者对于转基因大米的需求及支付意愿。并且有学者发现,随着拍卖次数的不断增加,消费者对产品的支付意愿会不断下降(Akaichi, Nayga and Gil, 2012)。相较于其他研究方法,拍卖法的进行是有真实产品存在的,因此与消费者真实购买行为更加接近。并且很多实验可以进行真实产品的购买,这也在一定程度上保证了实验的真实性。除此之外,为了得到更为精确的数据,拍卖实验可以进行多轮。虽然拍卖法具有诸多优点,但同样存在一些弊端。例如,拍卖实验虽然接近于真实的购买行为,但归根结底还是一个预测性结论,并不能真的代表市场环境,也并非真正意义上的显示性偏好数据(Napolitano and Braghieri,2010;朱淀、蔡杰,2012)。其次,拍卖法同样存在消费者支付意愿估值偏高的情况,并且由于拍卖机制的不同,不同拍卖方法之间也可能存在偏差(Bikhchandani,Vries and Schummer,2011)。

二、消费者偏好与支付意愿的影响因素研究

评估消费者对产品的偏好与支付意愿对于市场发展具有重要的意义,因而了解消费者偏好与支付意愿的影响因素也受到了学者们的关注。整体而言,影响消费者偏好和支付意愿的因素主要可以分为消费者特质、政策因素,以及社会文化与产地信息等因素。

消费者个人基本特质(如性别、年龄、受教育程度等)、消费者知识、消费者态度等都会影响消费者对于产品或服务的支付意愿。在消费者特质对偏好和支付意愿的影响研究方面,有研究指出,性别会影响消费者对有机食品的支付意愿,但研究的结果并不统一。有的研究结果指出,女性对于有机食品的支付意愿显著高于男性(Stobbelaar,Casimir and Borghuis,2007),但同样针对有机食品的研究表明,虽然女性对于有机食品的购买意愿更高,但支付意愿却显著低于男性消费者(Ureña,Bernabéu and Olmeda,2007)。关于年龄对食物支付意愿的影响研究结果也不尽相同,有的研究表明年龄对于食物支付意愿的影响不显著(Lea and Worsley,2005),有的研究结果表明年龄越大消费者对健康食品的支付意愿越强(Bravo,Cordts and Schulze,2013;戴迎春、朱彬、应瑞瑶,2006),但同样有研究表明年龄和支付意愿之间是负向相关的(Lockie,Lyons and Lawrence,2004)。同样,学者们在受教育程度对消费者支付意愿的影响研究方面也存在较大争议(Li,Zepeda and Gould,2007;Fotopoulos and Krystallis,2002)。消费者知识往往制约着消费者对于食品的选择(Roitner-Schobesberger,Darnhofer and Somsook,2008;Aarset,Beckmann and Bigne,2004),消费者关于食品的知识越多,对食品越了解,越能够提高消费者对食物的支付意愿(Barnes,Vergunst and Topp,2009;Chen,2007;Gracia and Magistris,2007)。消费者态度能够有效地预测消费者对于产品的购买意愿及支付意愿(Michaelidou and Hassan,2010)。在食物研究领域,消费者态度包括很多,例如我国学者尹世久等(2013)的研究表明,消费者健康意识及食品安全意识能够显著影响消费者的购买行为及支付意愿。国外很多学者在消费者食

物支付意愿的研究中也得出了类似的结论,认为态度、意识等是影响消费者支付意愿的重要因素(Chen and Lobo,2012;Chen,2009;Saher, Lindeman and Hursti,2006;Magnusson, Arvola and Hursti,2003;Gil, Gracia and Sanchez,2000)。除此之外,家庭经济收入等经济因素也是影响消费者支付意愿的重要因素(Yin, Wu and Du,2010;Zepeda and Li,2007;涂平、刘俊,2009)。

国家政策的支持和推动对消费者支付意愿同样具有显著的影响,其中对消费者影响最为明显的就是食品认证。由于食品认证作为一种质量信号为消费者提供了更多的产品信息(Zhang, Jin and Qiao,2017),因此消费者通常会将食品认证作为食品质量安全的重要评价指标(Gao, Schroeder and Yu,2010;全世文、于晓华、曾寅初,2017)。例如,对我国消费者的研究表明,我国消费者对于有机食品的偏好远远大于对无公害食品的偏好,且有机食品认证的效用也显著大于品牌和原产地效应,并且我国消费者对于国际食品认证更加偏好(Wu, Yin and Xu,2014;尹世久、徐迎军、徐玲玲,2015)。对于绿色食品消费的研究也表明,相比于传统食品,我国消费者对绿色食品的支付意愿较高,并且对绿色食品认证存在明显的支付溢价(Liu, Yan and Zhou,2017;Ortega, Hong and Wang,2016;Yu, Gao and Zeng,2014)。与此同时,我国消费者对于政府的食品监管评价越正面,消费者对食品的支付意愿也就越高(尹世久,2013)。对于国外消费者的研究也充分表明,消费者对于有机食品的支付意愿显著偏高。例如,Janssen 和 Hamm(2012)对欧洲 6 国的消费者进行了调查,虽然不同国家的消费者对于有机食品标签的支付意愿存在较大差异,但整体而言,消费者对于有机食品标签是呈正面态度的。对于美国消费者的调查也可以明显地得出,不论是有机认证的鸡胸肉还是有机认证的酸奶,有机食品的认证对消费者支付意愿有显著的促进作用(Marchi, Caputo and Jr,2016;Loo, Caputo and Nayga,2011)。除了食品认知之外,信息可追溯体系的建立也对消费者支付意愿产生了正向影响(Sun, Wang and Zhang,2017),特别是对于肉类食品而言,可追溯信息显著影响了消费者的选择。例如,我国学者陈秀娟等(2016)调查了我国消费对可追溯猪肉的偏好,结果表明我国消费者对可追溯信息存在较高的偏好。与传统牛肉相比,消费者对可追溯牛肉的消费也存在明显的价格溢价(Loureiroa and Umberger,2007)。

除了消费者因素、国家政策因素之外,社会文化及产地信息等因素也会对消费者支付意愿产生显著影响。例如,针对西班牙消费者的调查表明,生活方式对有机食品的支付意愿影响显著(Gil,2000)。对于希腊消费者来说,生活方式同样对有机食品的支付意愿具有一定影响,并且归属感也是影响消费者支付意愿的重要因素之一(Chryssohoidis and Krystallis,2005)。地方主义倾向对消费者的食品支付意愿同样影响显著(Torjusen,Lieblein and Wandel,2001),因此很多时候产地信息也会作为产品的重要属性被标明。已有研究表明,考虑到食品的新鲜程度,消费者会更偏好于购买本地食品(Denver and Jensen,2014;Zander and Hamm,2010)。同时,出于对当地经济发展的支持,很多消费者也会选择购买本地食品(Wägeli,Janssen and Hamm,2016;Feldmann and Hamm,2015)。在国外,动物福利也是国外消费者关注的一个重要方面。因此,与传统一般食物相比,动物福利较高的食物对于提高动物友好型消费者的支付意愿具有显著影响(Graaf,Vanhonacker and Loo,2016;Erdem,2015)。

三、消费者对营养强化产品的偏好与支付意愿研究

为了更好地推广作物营养强化食品,消除"隐性饥饿",消费者对作物营养强化食品的支付意愿和接受程度一直是研究者关注的重点。国外的研究表明,作物营养强化食品得到非洲、亚洲等发展中国家消费者的广泛接受。印度(Banerji,Birol and Karandikar,2016)、卢旺达(Oparinde,Birol and Murekezi,2016)、尼日利亚(Oparinde,Banerji and Birol,2016)、乌干达(Chowdhury,Meenakshi and Tomlins,2011)等地的消费者都愿意付出更高的价格来购买作物营养强化食品,而针对中国消费者的研究结果却存在一定差异(Steur,Gellynck and Feng,2012;郑志浩,2015)。

营养强化技术可能会改变食物的味道、外表和其他特征。根据强化营养素的类型不同,营养强化作物可以分为两类:营养特征可见的和不可见的(Birol,Meenakshi and Oparinde,2015)。以往的研究中发现,营养强化技术带来作物外观上的变化,并不会阻碍消费者对其的偏好。以作物的颜色为例,颜色的改变并不会影响消费者对作物营养强化食品的接受程度,例如,在莫桑比克的一项研究中发现,当地消费者对原有的白色玉米的偏好,并不会阻碍他们接受橙色的营养强化玉米(Stevens and Winter-Nelson,2008)。在当地的市场中,营养强化玉米的市场占有率与传统玉米相当。不仅外观的改变不会减少消费者的接受程度,即使不提供营养素的信息,消费者对作物营养强化食品的消费依然存在溢价。印度的一项研究表明,在不呈现营养信息的情况下,消费者对高铁珍珠粟的消费有显著的溢价,虽然溢价的程度不大(Banerji,Birol and Karandikar,

2016)。但是，也有少量研究发现，并非所有的消费者都愿意出更高的价格购买作物营养强化食品。在肯尼亚的一项研究中发现，相较于维生素A强化的玉米，消费者对传统的白色玉米有很强的偏好，平均在37%折扣的条件下，消费者才愿意购买黄色的玉米（Groote and Kimenju，2008）。而一项针对中国消费者的调查表明，颜色的改变在一定程度上会减少消费者的支付意愿，主要原因是颜色的改变导致了消费者感知风险的增加（孙山、青平、刘贝贝，2018）。

与国外的研究结果类似，在针对中国消费者对作物营养强化食品消费意愿的研究中存在矛盾的结果。以营养强化水稻为例，郑志浩（2015）在对中国消费者的研究中发现，提供转基因型营养强化信息，能显著地负向影响消费者对大米的支付意愿。并且，这种效应只针对不了解转基因大米的消费者，对了解转基因大米的消费者而言，营养强化的信息并没有对消费者的支付意愿产生显著的影响。而在另一项，以陕西省育龄妇女为对象的研究中，消费者对叶酸强化的营养强化大米的支付意愿的溢价达到1.73元或33.7%，对叶酸的知识是影响传统型叶酸强化大米支付意愿的主要因素（Steur，Gellynck and Feng，2012）。同样针对中国消费者的研究的结果的差异可能是因为消费者对营养强化态度的不同所导致的。而主要的营养强化技术分为食物强化、生物强化、基因强化等，相对于其他强化方式来说，消费者更加偏好通过作物营养强化技术（即生物强化技术）生产的食品（刘贝贝、青平、游良志，2018），并且消费者知识在其中起到了重要的调节作用。

第四节
相关研究述评

总体来看，现有的关于作物营养强化的研究非常丰富，并且关于农产品的消费偏好、消费决策和消费行为方面的研究也非常广泛，为更好地开展本书提供了很好的借鉴，但仍存在一些可以进一步完善的地方。首先，已有的关于作物营养强化的研究主要集中于营养强化的内涵和意义、营养强化方式与途径、营养强化效果以及所能带来的经济效益。但从经济管理的角度来讲，作物营养强化食品作为一种新型农产品，目前知道、了解的消费者并不多，产品的推广工作进展也较为缓慢。并且，营养强化的方式方法有很多，与其他产品相比，如何引导消费者选择经济有效的作物营养强化产品？如何与消费者进行产品沟通？这些问题都是产品推广过程中企业必须要考虑的问题。

其次，作物营养强化食品在进行市场推广前，对产品进行定价，并提前了解消费者对于新产品不同属性的偏好和支付意愿，对更好地进行产品推广具有重要的意义。而现有的关于消费者对作物营养强化产品支付意愿的研究，主要是通过拍卖法或问卷调查的方式，整体估计消费者对于作物营养强化食品的支付意愿，并没有计算消费者对作物营养强化食品不同属性的支付意愿。

因此，本书首先从产品比较和企业沟通策略的角度出发，探讨在产品比较和不同技术类型下，企业采取何种沟通信息可以提高消费者对于作物营养强化食品的购买意愿，为作物营养强化食品的推广提供一定的建议与方法。其次，本书拟采用主流的关于消费者食品偏好和支付意愿的研究方法，即通过选择实验的方法估计消费者对作物营养强化食品的支付意愿。具体而言，主要从营养强化技术、安全认证、营养含量、营养强化认证，以及价格的角度，探讨消费者对作物营养强化食品不同属性的偏好和支付意愿。

第三章
相关概念界定与理论基础

第一节
相关概念界定

一、作物营养强化

（1）作物营养强化

作物营养强化，也可称为生物强化（biofortification），是使食用农作物在生产中提高微量营养素的浓度或生物利用性的过程，也就是通过育种手段提高现有农作物中被人体吸收利用的微量营养素的含量（White and Broadley，2009；Hirschi，2009）。可分为农艺强化、基因强化两种（Banuelos and Lin，2010），既可以通过传统育种技术或基因工程来增加主粮作物中微量营养素水平，也可以通过施肥（施入土壤，浸泡种子或者叶面喷施）进行农产品的作物营养强化。

（2）食品营养强化

食品营养强化，也可称为食物强化，是指为了解决或预防特定人群或特定地区人群的营养缺乏问题，直接向食品中添加一种或多种营养素补充剂，以提高食品营养价值的方法。（Dwyer，Woteki and Bailey，2014；逄学思、周晓雨、徐海泉，2017）。食品营养强化是改善我国居民营养健康问题的一项重要措施，作为一项传统的营养干预方法在我国进行了广泛的推广与应用，例如"加碘食盐""铁酱油"等。

二、消费者行为与消费决策

消费者行为可以从广义和狭义两方面来理解。首先，从广义上讲，消费者行为是一系列复杂的行为过程，包括消费者信息搜寻、产品获取、产品使用以及产品的处置等行动，甚至消费者用于购买产品的收入获取过程也可以看作是一种消费者行为。其次，从狭义上来看，消费者行为一般只表示消费者的购买行为、决策行为等。迈克尔·所罗门（2014）指出，消费者行为就是个体或者群体，为了满足自身或大家的需要，进行的产品选择、产品购买、产品使用以及产品或服务的处理等过程。消费者行为也可以看作是由消费者行动与消费决策两部分组成。消费决策侧重于心理活动的过程，主要是消费者对某一产品或服务的购买倾向，而消费者行动更侧重于消费者真实的购买过程，二者相互影响，相互交融，共同构成了消费者行为过程（Engel, James and Blackwell, 1978）。在本书中，消费者行为主要包括消费者对于作物营养强化食品的产品选择、购买意愿及支付意愿。

三、消费者偏好与支付意愿

消费者偏好是指消费者对于某一产品或服务的喜爱程度（张修志、黄立平，2007）。已有研究表明，在消费决策的过程中，消费者偏好可以作为消费者判断的重要依据，从而有效地缓解由信息不对称带来的不确定性（Gao and Schroeder, 2009）。很多时候，由于消费者偏好的异质性，学者们往往使用消费者支付意愿来反映和测量消费者偏好。消费者支付意愿指消费者愿意为某种产品或服务支付的价格（Cameron and James, 1987；Hanemann, 2003）。一般而言，消费者偏好越高，对于产品或服务愿意支付的价格就会越高。在本书中，消费者偏好和支付意愿主要指消费者对于作物营养强化食品不同属性及层次水平的偏好和愿意支付的价格。

四、产品属性与层次

根据 Lancaster（1996）的消费者效用理论可知，产品的价值等于产品各个基本特征能够带给消费者的价值总和，对于消费者来说，消费者效用主要来源于产品的各个基本属性特征，而非商品本身。因此，产品属性可以理解为能够满足消费者需求或能够帮助消费者做出购买决策的产品特征。对于同一类产品而言，产品的属性可能包含不同的水平，因而对产品属性的不同取值就表示为产品的不同层次（侯博，2016）。本书对于作物营养强化食品的信息属性的界定，主要基于作物营养强化食品的特点，包括营养强化食品技术手段、安全认证、微量营养素含量、营养强化标识，以及价格属性，而每个属性下还细分为不同的属性层析。

第二节
相关理论基础

一、解释水平理论

解释水平理论（construal level theory，CLT）主要用来解释人们对事物的认知表征，即对于事物的理解程度或抽象水平。当对事物的理解或描述越抽象，则解释水平越高，对事物的理解或描述越具体，则说明解释水平越低。高解释水平侧重于对事物进行抽象的、首要的、核心的、与目标相关的描述，低解释水平主要侧重于具体的、次要的、与目标无关的解释（Stephan，Liberman and Trope，2011；Vess，Arndt and Schlegel，2011；Trope and Liberman，2010；孙晓玲、张云、吴明证，2007）。例如，当消费者以省钱为自己的目标时，越是提供解释水平高的信息，越容易促进消费者省钱的行为（Ülkümen and Cheema，2011），因为解释水平越高的信息与目标更加相关。人们对于事物的解释水平并不是一成不变的，而是会受到心理距离的影响而不断变化的（Yang，Ringberg and Mao，2011；Hong and Sternthal，2010；Hong and Lee，2010），在不同的心理距离水平下，人们的行为决策也会有所不同。心理距离主要包括四个维度水平，即时间距离、空间距离、社会距离以及不确定性水平（Liberman，Trope and Wakslak，2007），并且心理距离的远近会影响解释水平，而解释水平在一定程度上也可以反过来影响心理距离（Liberman and Förster，2009；Baranan，Liberman and Trope，2006；Trope and Liberman，2003）。

解释水平理论在消费者行为中的运用非常广泛，特别是在消费者知觉、消费者态度、消费者选择和消费者评价方面。例如，在消费者知觉方面，高解释水平与"得到"（gain）信息组合对消费者影响更大，低解释水平与"失去"（loss）信息组合对消费者影响更大（White，Donnell and Dahl，2011）。并且有研究指出，价格越高，消费者感知到的心理距离越大（Bornemann and Homburg，2011）。因此，当价格较高时，相对于低解释水平信息（具体的信息），给消费者呈现高解释水平的信息（抽象的信息），消费者感知会更加流畅，而感知流畅性会影响消费者对产品的选择（Thomas and Dale，2017；Alter and Oppenheimer，2009；Novemsky，Dhar and Schwarz，2007）。解释水平理论在消费者态度方面的应用主要体现在企业的沟通策略方面，在高解释水平信息的操纵下，消费者会更偏好更加抽象和自我概念的广告；而在低解释水平信息的操纵下，消费者更偏好于具体且涉及产品质量的广告（Freitas，Langsam and Clark，2008）。在产品选择上，因为高解释水平信息会引起消费者更多的原型联想，低解释水平信息会引起消费者更多的范例联想（Kim and John，2008；柴俊武、赵广志、何伟，2011），因此对于企业延伸产品或子品牌的推广，企业可以适当地采取高解释水平的信息宣传。而关于解释水平信息的应用，研究者既可以直接通过操纵心理距离进而操纵解释水平（Higgins，Idson and Freitas，

2003；Eyal，Liberman and Trope，2004；Amit，Algom and Trope，2009；孙晓玲、李晓文，2012；王霞、于春玲、刘成斌，2012），也可以通过操纵对事物的描述间接操纵解释水平（Freitas，Gollwitzer and Trope，2004；Fujita，Trope and Liberman，2006；Mccrae，Wieber and Myers，2012）。

二、调节定向理论

调节定向理论（regulatory focus theory）最初被理解为个体间的自我差异，因此也被称为自我差异理论（self-discrepancy theory）（Higgins，1987）。之后，学者们不断研究发展，在调节定向理论已有内容的基础上又提出了调节匹配理论（regulatory fit theory）（Higgins，Idson and Freitas，2003；Higgins，2000），两者也共同构成了现有的理论内容。在实际行动中，个体为了达到自己追求的目标，一般会进行自我思想或行为调节（Geers，Weiland and Kosbab，2005），即在行动过程中表现出一定的倾向性，因此被称为调节定向。调节定向主要包括促进定向（promotion focus）和预防定向（prevention focus）。促进定向主要强调的是成长、发展等内容，对于促进定向的消费者来说往往更加关注与行为相关的积极的结果，即这么做我能得到什么；防御定向主要强调的是与安全、需要等相关的内容，消费者会更加关注与行为相关的消极后果，即这么做我不会失去什么，或者说我能避免什么样的伤害（Higgins，1997）。例如，在选择作物营养强化食品的消费决策行为中，促进定向的消费者会更关注微量营养素的补充能够满足我身体的需要；而预防定向的消费者会更关注微量营养素的补充能够避免我出现什么疾病。因此，促进定向和预防定向也可以理解为消费者的趋利避害动机（Molden，Lee and Higgins，2006）。

在研究中，我们既可以通过问卷对消费者调节定向倾向进行直接测量，也可以通过实验进行操纵。较为成熟的测量调节定向的问卷主要有 Higgins 等（2001）开发的调节定向问卷（Regulatory Focus Questionnaire，RFQ；Higgins，Friedman and Harlow，2001）。除此之外，自我问卷（Selves Questionnaire；Higgins，Roney and Crowe，1994）及一般性调节定向测量问卷（GRFM；Lockwood，Jordan and Kunda，2002）也是学者们在研究中较为常用的问卷。通过实验来启动调节定向的方法也有很多，例如，通过任务框架的形式，强调收益与损失，从而启动实验参与者的促进倾向或预防倾向（Crowe and Higgins，1997）。同时，研究者还可以通过指导实验参与者回忆近期令他开心或沮丧的事情,用以启动促进或预防定向(Roese,Hur and Pennington,1999)。更为直接的方法是,直接通过文字或图片等信息告知实验参与者,这么做能够得到什么或避免失去什么,从而完成对调节定向的实验操纵(Wilson and Ross,2000),这也是目前学者采用最多的实验操纵方法。

调节定向能够影响人们的认知评价(Freitas,Azizian and Travers,2004)、决策判断(Liberman,Molden and Idson,2001),以及行为决策等(Förster,Higgins and Bianco,2003),因而在消费者研究领域得到了广泛的运用。例如,有研究指出,促进定向的消费者会更加重视促进型商品,而预防定向的消费者对预防型商品需求更多(Werth and Foerster,2007)。并且,在消费者信息处理过程中,当消费者面对的信息复杂难辨时,提供与其认知一致的信息能够受到消费者重视;相反,如果信息处理简单,消费者反而会更加注意与自己认知不一致的信息(Yoon,Sarial-Abi and Gürhan-Canli,2012)。在进行产品选择时,促进定向往往会自上而下地注意产品属性,而预防定向的消费者会自下而上地进行产品属性信息的判断(Pham and Chang,2010;Mourali and Pons,2009)。除此之外,企业在进行沟通策略的选择时,也往往会考虑消费者的调节定向倾向。因为促进定向的消费者一般会倾向于依赖简单的启发式信息进行判断,而预防定向的消费者往往会依赖系统的加工式信息(Wan,Hong and Sternthal,2009;Pham and Avnet,2004),因此在营销沟通的过程中,面对促进定向的消费者可以邀请名人代言,强调品牌的知名度等,而面对预防定向的消费者要更加注重核心信息的告知(Florack,Ineichen and Bieri,2009)。

三、计划行为理论

计划行为理论(theory of planned behavior,TPB)是被广泛用于解释个体态度与行为之间的关系。计划行为理论最早由外国学者 Ajzen(1991)提出,他指出个体的行为会受到态度、主观规范、知觉行为控制的影响。总体来说,个人对一件事物的态度越正面、社会压力越小、知觉行为控制能力越强,个人的行为意向就会越强,也更倾向于去完成某件事情。

行为态度(attitude toward the behavior,AB)指个体对于某一事物或某一事件的偏爱喜好程度,也可以理解为个体对于某一事物或某一事件的正面或负面评价。而个体行为态度的变化往往会受到行为信念的影响(Fishbein and Ajzen,1975),行为信念强度及行为信念的方向共同影响着个体的行为态度。

研究表明，消费者态度能够显著地正向促进消费者购买意愿和实际的支付行为（Blanchard，Fisher and Sparling，2009），态度越强、越正面，消费者越倾向于做出购买决策。对于健康消费而言，行为态度也是影响消费者健康饮食行为的最重要的影响因素（Payne，Jones and Harris，2011）。

主观规范（subject norm，SN）指个体在进行行为决策时感知到的社会支持或压力（Londono，Davies and Elms，2017）。主观规范会受到社会规范的影响，即参照群体对于个人行为的影响。每个人在做一件事情之前，往往会参照其他人的做法，从而为自己的行为寻找依据和支撑。例如，周边重要人对于绿色行为的支持态度能够显著影响个人的绿色消费行为（劳可夫、吴佳，2013）。同样，他人对于网络购物的信任程度和评价也会影响个人的主观规范，进而影响网络购物行为（张辉、白长虹、李储凤，2011）。主观规范的影响在食物消费领域同样存在，例如家人或朋友等对于安全食品的认知和态度会影响消费者主观规范，进而影响消费者对于安全食品的支付意愿（罗丞，2010）。

知觉行为控制（perceived behavior control，PBC）指个人感知到的自己对于某一件事情的把控能力，即对于一件事情的阻力有多大或者自我决定权占有多大的比例。知觉行为控制一般与个体的资源和能力相关，个体所拥有的资源越多，具备的能力越强，表明其知觉行为控制能力也就越大。已有研究发现，知觉行为控制能够显著地影响消费者对农产品的消费行为，对于安全认证农产品的知觉行为控制程度更高时消费者更倾向于购买（王建华、葛佳烨、浦徐进，2016）。

关于计划行为理论在消费者领域的运用，许多学者都进行了不同程度的拓展。例如，在行为态度方面，我国学者武瑞娟、李东进等（2010）在分析中国农民消费者对于下乡家电的购买意愿时，在计划行为理论的基础上，将消费者态度分为了对于购买行为本身的态度和响应政府政策的态度，在一定程度上对理论进行了补充。在主观规范的研究方面，有学者将主观规范分为个人规范、示范性规范以及指令性规范（Cialdini，Kallgren and Reno，1991），并有很多学者将道德规范融入消费者主观规范的研究中（Harrison，1995）。同样，很多学者认为知觉行为控制也应该重新进行划分讨论，Ajzen（2002）也重新针对知觉行为控制提出，可以将知觉行为控制分解为消费者自我效能和自我控制能力两方面进行讨论。

四、顾客（消费者）感知价值理论

顾客感知价值理论认为，消费者的产品选择或决策行为，并不是在消费产品本身，而是在消费其主观感知上的产品价值。最早提出消费者感知价值的是被誉为"现代管理学之父"的彼得·德鲁克，在1954年《管理的实践》一书中，他指出消费者购买的不是产品而是价值。

关于顾客感知价值的定义，不同的学者有着不同的理解。例如，Michal Porter认为，顾客感知价值是买方感知到的产品性能与购买成本之间的权衡。我国学者白长虹（2001）也提出，顾客感知价值是顾客基于自身所得和自我付出，进而对产品效用给出的总体评价。最受学者们认可的定义从心理学角度出发，认为顾客感知价值是消费者感知到的付出与所得之间的权衡，并据此对产品进行评价（Zeithaml，1988）。这个定义不仅强调了所得与所失之间的权衡，更加强调了消费者对于利益与成本之间的主观感知，不是客观上花了多少钱，而是主观上在产品的选择上消费者究竟花费了多少时间、精力，以及金钱等，即货币成本与非货币成本。

关于顾客感知价值的测量、分类及顾客感知价值的特征等因素，各国学者进行了广泛的研究。例如，Sheth等（1991）将顾客感知价值划分为功能价值、社会价值、情感价值、认知价值和情境价值五种价值（Sheth，Newman and Gross，1991）。Soutar（2001）开发了19个条目对顾客感知价值进行测量，并将顾客感知价值划分为四个不同的价值维度，即情感价值、社会价值、功能价值和金钱价值。并且，感知价值不仅具有一定的层次性，随着时间或环境的不断变化，消费者对产品的感知价值也在不断地改变（Slater and Narver，1994）。我国学者杨龙、王永贵（2002）还根据时间的推移，绘制了顾客价值层次的动态模型，提出顾客从最开始的对产品属性的价值感知，慢慢地转变到对于产品使用的价值感知，并最终上升到对于产品能够达到购买目标的价值感知。

感知质量与感知价格一直是顾客感知价值领域研究的主要内容。感知质量往往与感知价值之间呈现正向关系，消费者感知质量越高，对产品的感知价值也就越高；而感知价格往往与感知价值呈现负相关关系，简单来说，当消费者觉得这个产品不值这个价格时，消费者对于该产品的感知价值就较低（Chang and Wildt，1994）。除了感知质量和感知价格之外，还有学者提企业的服务质量和技术因素等对消费者感知质量也具有很大的影响（Parasuraman and Grewal，2000）。顾客感知价值是影响顾客满意度及顾客购买意愿的核心影响因素（Mcdougall and Levesque，2000），是影响感知质量和消费者满意度之间关系的中介桥梁（Caruana，Money and Berthon，2000）。在农产品消费领域也一样，当消费者对安全认证农产品的主观感知价值越大时，消费者对于农产品的购买可能性也会越大（Janine，José and Cortimiglia，2016）。

五、信息不对称理论

信息不对称（information asymmetry）主要是指由于市场环境的复杂以及商品特性的不一致等内在因素导致了参与市场交易活动的各方主体不能了解所有的信息，即所获取的信息不对等。简单来说就是，消费者在购买产品时不能够了解所有关于产品的信息。例如消费者无法知晓生产商的生产成本、产品加工过程中使用添加剂的含量，也不知道经销商的进货渠道、销售底价等信息。相对于生产商和经销商来说，消费者一直处于信息的劣势地位。最早关于信息不对称问题的探讨是基于 Akerlof（1970）提出的柠檬市场理论，该理论认为由于信息的不对等，可能会导致一直处于劣势地位的消费者选择了劣质的坏商品，而抛弃了优质的好商品。这种消费者的逆向选择在一定程度上扰乱了市场秩序，造成了市场失灵，也可能引发一系列的道德风险问题。

柠檬市场理论的提出为信息不对称理论的发展奠定了基础，之后信息不对称理论又得到了学者们的不断深化和完善（Spence，1973；Stigliz and Weiss，1981）。在农产品市场中，市场参与者之间的信息不对称现象非常常见（陶善信、周应恒，2012）。由于农产品生产、加工等技术并没有完全地标准化，因此消费者对农产品本身的质量安全问题存在严重的信息不对称情况，由此可能导致优质农产品的市场秩序难以维持，从而出现农产品的"柠檬市场"现象（李功奎、应瑞瑶，2004），也因而可能爆发出很多食品安全不道德事件。农产品市场上的信息不对称不仅仅存在于生产者与消费者之间，生产者与政府监管部门之间同样存在明显的信息不对称问题（周德翼、杨海娟，2002）。由于消费者在购买蔬菜、水果等农产品时，无法直接准确地辨别产品的质量安全问题，因而消费者会主动地搜寻更多的关于农产品质量安全的信息（周洁红，2004）。而保证农产品食品安全信息传递的有效性，是解决食品质量安全问题的根本（王可山，2012）。因此，从政府及市场监管的角度来说，对于食品企业的监督，最重要的就是增加信息披露，提高食品生产、加工等各个环节的市场透明度（龚强、张一林、余建宇，2013）。同时，保证信息传递渠道的顺畅，逐渐平衡生产者、监管者以及消费者三者之间的信息，改善消费者的信息劣势地位，从而保证食品市场的有效运行。

六、随机效用理论与新消费者理论

随机效用理论是研究消费者需求与消费者选择相关问题的理论基础，主要用来解释在面对具有多个选项的选择集时消费者的选择问题。以随机效用理论为基础提出了随机效用选择模型。随机效用选择模型由两部分组成，即随机部分与非随机部分。该模型认为，消费选择不仅会受到消费者特质、产品属性等因素的影响，还会受到无法观测的随机因素的影响。

Lancaster 的消费者理论，也可以称为新消费者理论。相较于传统消费者理论，新消费者理论认为消费者从产品中获得的效用并不是产品整体所提供的，而是产品所具有的各个属性所提供的（Lancaster，1966），即在能够满足自身需求的产品之间，消费者是通过比较产品的不同属性来进行选择的。并且，消费者对产品不同属性及水平的排序，代表了消费者对不同属性及水平的偏好程度。不同的产品可以被看作是不同属性之间的集合，消费者根据自身需求，对产品的每个属性进行效用评估，从而筛选出对自己来说效用最大的产品（Viegas, Nunes and Madureira，2014）。Lancaster 消费者理论假设，产品属性是产品所固有的特征，并且不同属性之间可以进行排序比较；其次，产品所能带给消费者的效用是产品的不同属性及层次组合的效用，并且一个产品是由不同层次的产品属性构成的，产品组合构成的属性并不等于单个产品所具备的属性。在本书中，作物营养强化食品可以看作是一系列产品属性的组合，如营养强化技术、食品安全认证信息、微量营养素含量、是否有营养强化标识，以及价格等不同属性及水平的组合。消费者根据自身情况，对各个属性的效用进行评估，根据效用最大化原则选择适合自己的产品。

第三节
本书对相关理论的借鉴

作物营养强化食品作为一种新型的创新农产品，对消费者来说并不是很熟悉，因而在进行产品推广时，企业与消费者之间的信息沟通就显得尤为重要。加之市场上产品众多，消费者在进行消费决策时往往会货比三家，通过对产品之间的比较帮助自己做出购买决策。因此，当消费者进行产品比较时，企业如何根据自身产品的特点进行有效的信息沟通是我们研究的重点。因此本书参考了解释水平理论，通过产品比较与企业沟通信息解释水平的匹配，促进消费者对于作物营养强化食品的选择。根据调节定向理论、计划行为理论，以及顾客价值理论可知，消费者态度和认知是影响消费者做出购买决策的主要因素，但由于每个消费者的特质不同，在面对不同的沟通信息时，消费者对产品的认知和态度就会存在不同的倾向性。对以上理论内容的总结和梳理，为探究影响消费者对作物营养强化食品选择的内在影响机理提供了一定的理论支撑，也进一步明确了本书的研究框架。

由于农产品的经验品特征，消费者自己很难通过观察对农产品的质量安全进行判断。所以消费者在进行农产品的选择购买的过程中，会不断地进行信息收集，主要依靠企业及政府提供的质量检测证明、安全认证标识等信息进行判断。根据信息不对称理论可知，信息不对称对农产品市场安全产生了很大的影响，因此提供关于作物营养强化食品的技术信息、安全认证信息、营养信息，以及认证标识等信息，可以有效地降低作物营养强化食品市场的信息不对称，保证作物营养强化食品的质量安全及作物营养强化食品市场的正常运转。根据随机效用理论和新消费者效用理论可知，消费者的直接效用并不是来源于整体产品，而是来源于产品的各个属性及水平。对于作物营养强化食品来说，消费者的直接效用取决于构成作物营养强化食品的一系列属性及不同水平，进而在消费者预算约束下，消费者根据自己对不同属性及水平的偏好，选择对自身效用最大的产品属性及水平。

第四章
产品相对价格比较与企业沟通策略匹配对消费者决策的影响

第一节
假设推导

一、相对价格比较与企业沟通策略的匹配对消费者决策的影响

价格（price）能够影响消费者对产品质量的判断（Yan and Sengupta，2011）。产品沟通信息中只要包含了价格线索，就能令消费者聚焦于产品的积极特征（如功能性）（Lee amd Zhao，2014），且价格线索对消费者的产品心理表征（心理距离远或近）也有影响（Hansen，Kutzner and Wänke，2013；Bornemann and Homburg，2011；Hansen and Wänke，2011），价格越高则消费者心理距离越大。根据解释水平理论（construal levels theory，CLT，Trope，Liberman and Wakslak，2007），消费者对于消费品在不同程度上的具体或实际细节的心理表征，主要取决于他们感知到的心理距离（Liberman and Trope，2011）：感知心理距离比较远时，会引起抽象的、核心的与合意性相关的高水平解释；感知心理距离比较近时，则会引起具体的、边缘的与可行性相关的低水平解释。此外，Hansen 和 Wänke（2011）发现，消费者或者广告宣传者描述或宣传奢侈品时都倾向于用一种更抽象的语句（例如，五星级酒店的描述语言就比普通快捷酒店的更加抽象），并且认为抽象描述的产品比具体描述的产品更加奢华。因此，本书认为，对相对价格较高的产品，提供解释水平较高、更加抽象的信息，能够提高宣传与产品的匹配程度，进而提高消费者对产品的积极态度（Allard and Griffin，2017）；反之，当产品的相对价格较低时，则应使用解释水平较低、具体的信息表达提高其匹配程度。自然生长的作物营养强化作物，相比于后天加工、添加同等营养成本的产品，更加天然，培育和种植成本也相对更高，相对价格也会偏高。因此，在进行产品沟通和宣传时，采用高解释性水平的信息更能与其相对高价相匹配，进而促进消费者决策。据此，提出假设：

H1：相对价格比较和企业沟通策略的匹配（高-高；低-低）会正向影响消费者对作物营养强化食品的消费决策。

二、价格敏感度的中介作用

价格线索在购买决策中发挥着重要的作用，消费者常常用它来进行有关产

品的推断（Biswas，Pullig and Yagci，2002；Cordell，1991；Dodds，William and Kent，1991；Zeithaml，1988；Jacoby and Olson，1977），因此消费者对价格十分敏感。价格敏感度（price sensitivity）是指当产品价格提升时，消费者的购买数量、购买可能性、支付意愿等决策的改变（Wakefield and Inman，2003）。在消费者的直观判断中，价格一般代表了质量和消费者牺牲（Zeithaml，1988）：一方面，价格上升意味着更高的质量（Rao and Monroe，1989），消费者更愿意购买；但另一方面，价格上升也意味着消费者需要以更多牺牲为代价来获得该产品（Zeithaml，1988），当消费者不愿意做出更多牺牲时，其购买意愿反而降低。这是因为当价格相对较高时，消费者会更多地关注"价格与收益"（price-gain）而非"价格与成本"（price-cost）（Bornemann and Homburg，2011），当收益与价格不匹配时，消费者就会产生货次价高的"牺牲感"。因此，价格相对较高的产品使用高解释水平的沟通信息，能够引导消费者更关注产品的积极特征，从而降低消费者在选购该产品时的价格敏感度，弱化购买高价产品的"牺牲感"，有助于提高消费者对高价产品的接受意愿。因此，作物营养强化食品在宣传推广时，基于它相对高价的特点，如果采用解释水平较高、较抽象的宣传表达方式，就能够通过降低消费者对作物营养强化食品的价格敏感度，来促进消费者对作物营养强化食品的购买决策，提高购买意愿。由此提出以下假设：

H2：价格敏感度中介了相对价格比较和企业沟通策略的匹配对消费者作物营养强化食品决策的影响。

三、健康意识对相对价格比较和企业沟通策略匹配的影响

健康意识（health consciousness）是指个体对自身健康的关注程度（Gould，1988）。相较于高健康意识的个体，低健康意识的个体对健康行为的积极性较低（Michaelidou and Hassan，2008），在食物决策中更可能选择不健康的食物（Prasad，Strijnev and Zhang，2008）。而健康意识越高的消费者，越关注与健康相关的食品（Mai and Hoffmann，2012）。健康意识还促进了个体关于疾病预防的关注（Jayanti and Burns，1998），从而提高了消费者对于健康食品的购买意愿（Lockie，Lyons and Lawrence，2002）。此外，健康意识较高的个体在评价健康食品时，会使用他们之前的健康知识（Gould，1988）和确认偏误（Naylor，Droms and Haws，2009）对食品做出判断。价格上升意味着更高的质量（Rao and Monroe，1989），那么对于健康食品而言，价格越高的产品意味着越健康，

也就越容易被健康意识较高的消费者所接受。因此，健康意识在一定程度上调节了相对价格比较和企业沟通策略的匹配对消费者决策的影响，消费者健康意识越高，对作物营养强化食品的接受程度越高，购买意愿越强，即：

H3：健康意识调节了相对价格比较和企业沟通策略的匹配对消费者决策的影响。当消费者健康意识较高时，相对价格比较和企业沟通策略的匹配较强；当消费者健康意识较低时，二者的匹配效应较弱。

四、调节定向对相对价格比较和企业沟通策略匹配的影响

个体差异或由产品类别与购物环境（如广告）所引起的差异（Newman, Howlett and Burton, 2014; Escaron, Meinen and Nitzke, 2013），会导致消费者饮食目标的不同，进而影响消费者的购买选择。例如，以节食为目标的消费者更倾向于选购卡路里较低的同类食品（Cavanagh and Forestell, 2013）。也就是说，消费者决策不仅会受其健康知识的调节，还会在其目标追求过程中受到调节定向（regulatory focus）的调节。调节定向理论（regulatory focus theory, RFT），（Higgins, 1987）认为，个体会努力地控制和改变自己的思想、行为或反应，以实现特定目标，且在此过程中表现出特定的行为方式或倾向，即促进定向（promotion focus）或防御定向（regulatory focus）。受不同调节定向主导的个体在认知和行为上存在差异，譬如促进定向的个体更关注积极的后果，偏好从"收益"的视角出发去评判正面信息（Lee, Keller and Sternthal, 2010）；而防御定向的个体思维方式更加严谨，也更善于发掘事物之间的深层联系（Zhu and Meyers-Levy, 2007），且倾向于从"损失"的视角看待负面信息（Lee, Keller and Sternthal, 2010）。认知心理学的有关研究发现，相较于同等程度的正面信息，人们更加重视负面信息，因此负面信息对产品评估、消费者决策的影响往往更大（Herr, Kardes and Kim, 1991; Fiske, 1980）。在对营养素信息进行介绍时，宣传者无非是利用两种方式：普及补充营养素所能带来的好处（如提高身体免疫力）这种正面信息，或是告知缺乏营养素会造成的严重后果（如疾病）这种负面信息。而对于营养素信息的接收者，诸如"补铁能提高免疫力、防治贫血"之类的正面信息宣传，能够激活其促进定向；而诸如"缺铁会导致缺铁性贫血"之类的负面信息宣传，能够激活其防御定向。由不同调节定向所主导的个体在思考和处理信息时所消耗的认知资源也是不同的。具体而言，防御定向的个体更容易启动自身的认知处理系统，不惜消

耗大量认知资源进行更加认真、深入的思考，而促进定向的消费者则一般不会进行深思熟虑。因此可以进一步推测，在消费者选购作物营养强化食品时，激活其防御定向心理，消费者会综合价格线索和企业沟通信息进行深入、翔实的思考，因此相对价格比较与企业沟通策略的匹配效应更强；如果激活消费者的促进定向心理，消费者就不太可能综合考量价格线索和企业沟通信息来帮助决策，此时相对价格比较与企业沟通策略的匹配效应较弱。因此，提出如下假设：

H4：调节定向调节了相对价格比较和企业沟通策略的匹配对消费者决策的影响。当消费者为防御定向时，相对价格比较和企业沟通策略的匹配较强；当消费者为促进定向时，匹配效应较弱。

由上述四条假设建立研究模型（1），如图4-1所示。

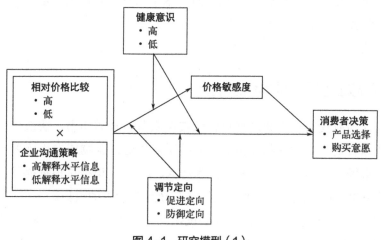

图 4-1　研究模型（1）

第二节
相对价格比较与企业沟通策略的匹配影响研究

一、实验目的与实验材料设计

本实验的目的是验证H1，即相对价格比较与企业沟通策略的匹配对消费者决策的影响。采用2（相对价格比较：高 vs. 低）×2（企业沟通策略：高解释水平信息 vs. 低解释水平信息）的混合实验，通过操纵产品的相对价格，并运用不同的广告语来展示不同解释水平下的企业沟通信息，观察消费者对作物营养强化食品的选择。

本实验以"富铁玉米汁"为实验材料，每组实验材料共包含 3 种富铁玉米汁 A、B、C。在相对价格较高的组，富铁玉米汁 A、B 的设定价格为 9 元 / 瓶，富铁玉米汁 C 的设定价格为 3 元 / 瓶；在相对价格较低的组，富铁玉米汁 A、B 的价格同样设定为 9 元 / 瓶，而富铁玉米汁 C 的价格设定为 15 元 / 瓶。每组实验材料只改变富铁玉米汁 C 的价格，而富铁玉米汁 A、B 的价格不变，主要是为了证明是产品的相对价格比较对消费者决策产生了影响，而非绝对价格。关于信息解释水平，主要通过富铁玉米汁的广告来进行操纵。高解释水平信息主要体现的是对事物的一种抽象的描述，因此我们将富铁玉米汁 A 的广告描述为较为抽象的"为健康活力加分"；而低解释水平信息主要体现的是对事物的具体描述，因此我们将富铁玉米汁 B 的广告描述为较为具体的"富铁玉米，鲜榨而成"。富铁玉米汁 C 没有广告描述。

二、实验流程与样本基本信息统计

实验开始前我们首先通过材料告知被试铁营养素的作用、缺铁会造成的影响以及我国目前缺铁的现状。然后告知被试可以通过食物或专用营养补充剂补铁。现在市场上新推出了三种富铁玉米汁 A、B、C，请被试根据提供的价格和广告等信息进行产品选择。最后，进行人口统计学信息的收集。

本次实验共招募了 214 名有效被试，其中相对高价组共 106 名被试，相对低价组共 108 名被试。被试中男性共 90 名，占被试总人数的 42.1%，女性 124 名，占被试总数的 57.9%。被试的年龄主要集中在 25～35 岁，共 105 名，占总人数的 49.1%。在被试的受教育程度方面，主要集中在专科和本科学历，被试人数分别为 54 名和 97 名，占比 25.2% 和 45.3%。被试职业主要以公司职员为主，共 143 名，占被试总数的 66.8%。在家庭平均月收入方面，被试情况相对较为均衡，其中家庭平均月收入在 3000（含）～5000 元和 5000（含）～7000 元的被试分别为 49 名（22.9%）和 48 名（22.4%）。在家庭平均月消费方面，主要集中在 2000（含）～3000 元和 3000（含）～5000 元，各有 58 名和 64 名被试，分别占被试总人数的 27.1% 和 29.9%。具体情况见表 4-1。

表4-1 有效样本基本情况统计

基本情况		频次（n）	有效百分比/%	总数（N）
性别	男	90	42.1	214
	女	124	57.9	
年龄	25岁及以下	47	22.0	214
	25～35岁	105	49.1	
	35～45岁	44	20.6	
	45～55岁	13	6.1	
	55岁以上	5	2.3	
受教育程度	小学	3	1.4	214
	初中	10	4.7	
	高中或中专	32	15.0	
	专科	54	25.2	
	本科	97	45.3	
	研究生及以上	18	8.4	
职业	公司职员	143	66.8	214
	个体工商户	19	8.9	
	老师、公务员	27	12.6	
	农民	6	2.8	
	其他（医生、技术员等）	19	8.9	
家庭平均月收入	3000元以下	18	8.4	214
	3000（含）～5000元	49	22.9	
	5000（含）～7000元	48	22.4	
	7000（含）～10000元	39	18.2	
	10000（含）～15000元	35	16.4	
	15000（含）元以上	25	11.7	
家庭平均月消费	1000元以下	11	5.1	214
	1000（含）～2000元	39	18.2	
	2000（含）～3000元	58	27.1	
	3000（含）～5000元	64	29.9	
	5000（含）～10000元	33	15.4	
	10000（含）元以上	9	4.2	

三、实验结果分析

在相对价格较高的情况下,大多数消费者选择了使用高解释水平广告语描述的富铁玉米汁 A(50.94%[54/106])。而在相对价格较低的情况下,大多数消费者更喜欢低解释水平广告语描述的富铁玉米汁 B(61.11%[66/108];$\chi^2=23.668$,$p<0.001$)。基本验证了研究的主效应,即 H1,相对价格比较与企业沟通策略的匹配能够影响消费者对于作物营养强化食品的消费决策。具体而言,高价格与高解释水平信息的匹配,低价格与低解释水平信息的匹配,能够正向影响消费者决策行为(图 4-2)。

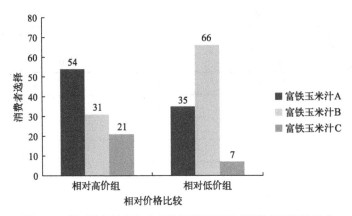

图 4-2 相对价格比较和企业沟通策略匹配对消费者选择的影响

第三节
主效应与价格敏感度的中介效应验证

一、实验目的与实验材料设计

本实验的目的主要是验证主效应(H1),同时验证价格敏感度的中介效应(H2)。采用 2(相对价格比较:高 vs. 低)×2(企业沟通策略:高解释水平信息 vs. 低解释水平信息)的组间实验,同样通过操纵产品的相对价格,并运用不同的广告语来展示不同解释水平下的企业沟通信息,测量消费者的价格敏感度及对作物营养强化食品的购买意愿。

本实验以"富铁玉米"为实验对象。在相对价格较高的组,给出的富铁玉米的市场定价为6元/根，并告知被试市场上同类其他富铁玉米的价格为3元/根；在相对价格较低的组，我们给出的富铁玉米的市场定价为6元/根，并告知被试市场上同类其他富铁玉米的价格为9元/根。关于富铁玉米的广告语，高解释水平的广告语被描述为"富铁玉米，让你更加健康高效"，低解释水平的广告语被描述为"富铁玉米，富含更多铁元素"。每组实验材料分别包含一种相对价格比较的信息和一种解释水平的广告语，共4个实验组。

二、变量测量

（一）购买意愿（purchase intention）

关于消费者购买意愿的测量主要参考了Chattopadhyay和Basu（1990）以及Sundar和Noseworthy（2016）的测量方法，直接询问被试"您多大程度上愿意购买市场上新推出的这种富铁玉米？"采用利克特7级量表，1=非常不愿意，7=非常愿意。

（二）价格敏感度（price sensitivity）

关于价格敏感度的测量，本实验主要参考了Hamilton和Srivastava（2008）的测量方法，通过测量消费者对于产品的感知利益，反向测量消费者的价格敏感度。即消费者感知利益越大，表明消费者对于该种产品的价格敏感度越低。考虑到中国人的说话方式以及本实验以富铁玉米为实验材料，因此本书在Hamilton和Srivastava（2008）问项的基础上，对测量问项进行了改编。通过直接询问被试"您认为花6元买一根'富铁玉米'划不划算？（1=非常不划算，7=非常划算）"来测量消费者的价格敏感度。

三、实验流程与样本基本信息统计

实验开始前同样首先通过材料告知被试铁营养素的作用、缺铁会造成的影响以及我国目前缺铁的现状，以及可以通过食物或专用营养补充剂进行补铁。之后告知被试现在市场上新推出一种"富铁玉米"，其价格为多少以及广告宣传语，同时告知被试同类富铁玉米的市场价为多少。之后通过量表测量被试的购买意愿及价格敏感度。为了更加直观地展示实验材料信息，方便被试理解，本实验还通过图片的形式对材料信息进行展示。在问卷的最后，进行人口统计学信息的收集。

本次实验共招募了418名有效被试，相对高价+高解释水平信息组共104

名被试，相对高价＋低解释水平信息组共 104 名被试，相对低价＋高解释水平信息组共 105 名被试，相对低价＋低解释水平信息组共 105 名被试。被试中男性共 185 名，占被试总人数的 44.3%，女性 233 名占被试总人数的 55.7%。被试的年龄主要集中在 25 岁以下和 25～35 岁，被试人数分别为 126 名和 186 名，占总人数的 30.1% 和 44.5%。在被试的受教育程度方面，主要集中在本科学历，被试人数为 231 名，占比 55.3%。被试职业主要以公司职员为主，共 268 名，占被试总人数的 64.1%。在家庭平均月收入方面，被试情况相对较为均衡，其中家庭平均月收入在 5000（含）～7000 元和 7000（含）～10000 元的被试皆为 88 名（21.1%），家庭平均月收入在 10000（含）～15000 元的人略多，人数为 92 名，占比 22.0%。在家庭平均月消费方面，主要集中在 2000（含）～3000 元和 3000（含）～5000 元，各有 100 名和 141 名被试，分别占被试总人数的 23.9% 和 33.7%。具体情况见表 4-2。

表4-2 有效样本基本情况统计

项目	基本情况	频次（n）	有效百分比/%	总数（N）
性别	男	185	44.3	418
	女	233	55.7	
年龄	25 岁及以下	126	30.1	418
	25～35 岁	186	44.5	
	35～45 岁	68	16.3	
	45～55 岁	32	7.7	
	55 岁以上	6	1.4	
受教育程度	没上过学	1	0.2	418
	小学	5	1.2	
	初中	12	2.9	
	高中或中专	62	14.8	
	专科	76	18.2	
	本科	231	55.3	
	研究生及以上	31	7.4	
职业	公司职员	268	64.1	418
	个体工商户	41	9.8	
	老师、公务员	59	14.1	
	农民	14	3.3	
	其他（医生、技术员等）	36	8.6	

续表

项目	基本情况	频次（n）	有效百分比 /%	总数（N）
家庭平均月收入	3000 元以下	25	6.0	418
	3000（含）～5000 元	69	16.5	
	5000（含）～7000 元	88	21.1	
	7000（含）～10000 元	88	21.1	
	10000（含）～15000 元	92	22.0	
	15000（含）元以上	56	13.4	
家庭平均月消费	1000 元以下	17	4.1	418
	1000（含）～2000 元	80	19.1	
	2000（含）～3000 元	100	23.9	
	3000（含）～5000 元	141	33.7	
	5000（含）～10000 元	67	16.0	
	10000（含）元以上	13	3.1	

四、实验结果分析

（一）操纵检验

在被试阅读完实验材料之后，首先通过询问被试"您认为这种富铁玉米的价格如何？"请被试在 1～7 之间进行打分，数字越小表明越便宜、越低价，数字越大表明越昂贵、越高价。操纵检验结果表明，$M_{相对高价}$=5.21，SD=0.960；$M_{相对低价}$=2.98，SD=1.069；$t(416)$=22.487，$p < 0.001$。因此，证明相对价格比较的操纵成功，被试可以明显地感知到价格之间的差异。

（二）假设检验

1. 相对价格比较与企业沟通策略的匹配对消费者购买意愿的影响

本书采用多因素方差分析进行相对价格比较与企业沟通策略匹配对消费者购买意愿的影响检验，结果表明，相对价格比较 [$F(1, 418)$=12.633，$p < 0.001$] 和企业沟通策略 [$F(1, 418)$=21.537，$p < 0.001$] 分别对消费者购买意愿的影响显著；并且相对价格比较与企业沟通策略的匹配对消费者购买意愿的影响也十分显著 [$F(1, 418)$=32.250，$p < 0.001$]，如图 4-3 所示。

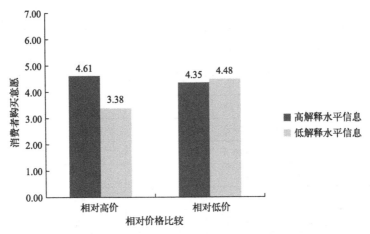

图 4-3 相对价格比较与企业沟通策略匹配对消费者购买意愿的影响

为了进一步明确相对价格比较和企业沟通策略的匹配对消费者购买意愿的具体影响，本书进一步检验了在不同相对价格比较下，企业沟通策略对消费者购买意愿的影响。结果表明，当相对价格比较较高时，相比于低解释水平的信息，企业采取解释性水平较高的沟通信息，消费者购买意愿更高，且二者差异显著 [$M_{购买意愿-高解释水平}$=4.61，SD=0.852；$M_{购买意愿-低解释水平}$=3.38，SD=1.294，$F(1, 207)$=65.638，$p < 0.001$]；当相对价格比较较低时，相比于高解释水平的信息，企业采取解释性水平较低的沟通信息，消费者购买意愿略高，但二者差异不显著 [$M_{购买意愿-高解释水平}$=4.35，SD=1.493；$M_{购买意愿-低解释水平}$=4.48，SD=1.144，$F(1, 209)$=0.455 < 1，p=0.501 > 0.05]。

因此，H1 得到部分验证，即相对价格比较和企业沟通策略的匹配能够显著地影响消费者对作物营养强化食品的消费决策。当相对价格比较较高时，企业采用高解释性水平的沟通信息更好；当相对价格比较较低时，企业采取何种沟通策略效果差异不大。虽然假设没有得到全部验证，但通过分析也不难理解。因为价格是一个影响消费决策的重要因素，当价格比较较低时，消费者购买产品的经济成本较低，此时消费者就不会更多地去考虑其他因素。因此，不管企业采取何种沟通策略，对消费者购买意愿的影响差异不大。

2. 价格敏感度的中介作用检验

本书采取目前受到学者们广泛认同的中介检验办法 Bootstraping 分析法（陈瑞、郑毓煌、刘文静，2013；Preacher, Rucker and Hayes, 2007），在

95%的置信区间下，采用模型4（Hayes，2013），以相对价格比较和企业沟通策略的匹配为自变量，以消费者购买意愿为因变量，检验价格敏感度的中介作用。分析结果表明，价格敏感度显著中介了相对价格比较和企业沟通策略匹配对消费者购买意愿的影响（B=0.159，SE=0.070，CI_{95}=[0.042，0.312]，不包含0）。进一步分析可知，相对价格比较与企业沟通策略匹配显著地负向影响了消费者价格敏感度（B=−0.742，SE=0.116，CI_{95}=[−0.970，−0.513]，不包含0），即二者越匹配，消费者的价格敏感度越低。价格敏感度也显著地负向影响了消费者购买意愿（B=−0.214，SE=0.051，CI_{95}=[−0.315，−0.114]，不包含0），即消费者价格敏感度越高，购买意愿越低，如图4-4所示。因此，H2得到验证。

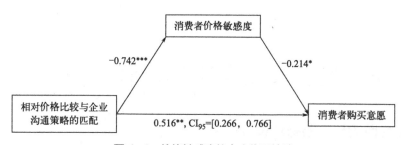

图4-4 价格敏感度的中介作用检验

*—在10%的水平上显著；**—在5%的水平上显著；***—在1%的水平上显著

为了进一步了解相对价格比较和企业沟通策略的匹配对消费者价格敏感度的影响，本书通过方差分析进行了检验。检验结果表明，相对价格比较[$F(1,418)$=85.162，$p<0.001$]和企业沟通策略[$F(1,418)$=79.693，$p<0.001$]分别对消费者价格敏感度的影响显著，且两者匹配，即二者的交互作用对消费者价格敏感度的影响也是十分显著的[$F(1,418)$=57.353，$p<0.001$]。并且，通过单因素方差分析可以发现，当相对价格比较较高时，相比于解释性水平较低的企业沟通策略，企业采取解释性水平较高的沟通策略时，消费者价格敏感度更低[$M_{价格敏感度-高解释水平}$=4.12，SD=0.978；$M_{价格敏感度-低解释水平}$=5.74，SD=0.763，$F(1,207)$=178.344，$p<0.001$]。同样，当相对价格比较较低时，企业不管采取何种沟通策略，对消费者价格敏感度的影响没有差异[$M_{价格敏感度-高解释水平}$=3.95，SD=1.113；$M_{价格敏感度-低解释水平}$=4.09，SD=1.128，$F(1,209)$=0.744＜1，p=0.389＞0.05]，如图4-5所示。

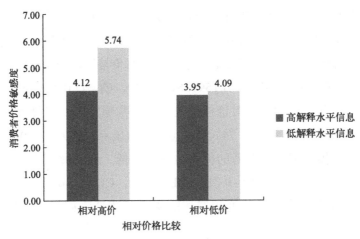

图 4-5 相对价格比较与企业沟通策略匹配对消费者价格敏感度的影响

第四节
健康意识与调节定向影响研究

一、实验目的与实验材料设计

本实验的目的主要是验证健康意识（H3）和调节定向（H4）对相对价格比较和企业沟通策略匹配对消费者决策影响的调节作用。采用 2（相对价格比较：高 vs. 低）×2（企业沟通策略：高解释水平信息 vs. 低解释水平信息）×2（调节定向：促进定向 vs. 防御定向）的组间实验设计。通过操纵相对价格比较和企业沟通策略，同时通过告知消费者不同信息启动消费者不同类型的调节定向，观察消费者的价格敏感度，以及消费者对作物营养强化食品的购买意愿。

本实验以"铁强化酱油"为实验对象。在相对价格较高组，我们给出的铁强化酱油的市场定价为 12.9 元 / 瓶 /500mL，并告知被试市场上同类富铁酱油的市场均价为 9.9 元 / 瓶 /500mL；在相对价格较低的组，我们同样给出的铁强化酱油的市场定价为 12.9 元 / 瓶 /500mL，并告知被试市场上同类富铁酱油的市场均价为 15.9 元 / 瓶 /500mL。关于铁强化酱油的广告语，高解释水平的广告语被描述为"让生活多一点色彩"，低解释水平的广告语被描述为"富含更多铁元素"。本实验通过告知被试补铁的好处和缺铁的危害来启动消费者不同类型的调节定向。在促进定向组,告知被试"补铁可以提高身体免疫力,促进身体各项机能更好地发挥作用,使身体更加健康";在防御定向组则告知被试"缺铁不仅会导致贫血,还会影响个体的劳动能力、运动能力以及机体免疫能力"。本实验共分为 8 个实验组,每组实验材料分别包含一种相对价格比较的信息、一种解释水平的广告语,以及一种调节定向的启动信息。

二、变量测量

(一)购买意愿(purchase intention)

关于消费者购买意愿的测量同样参考了 Chattopadhyay 和 Basu(1990)以及 Sundar 和 Noseworthy(2016)的测量方法,直接询问被试"您多大程度上愿意购买市场上新推出的这种铁强化酱油?"采用利克特 7 级量表,1= 非常不愿意,7= 非常愿意。

(二)价格敏感度(price sensitivity)

关于价格敏感度的测量,本实验主要参考了 Grewal 等(1998)和 Huachao 等(2017)的测量方法,通过测量消费者对于产品涨价后的购买意愿来反映消费者的价格敏感度。涨价后的购买意愿越高,表明消费者价格敏感度越低。在本实验中价格敏感度的测量是通过告知被试,目前这款铁强化酱油的零售价为 12.9 元 / 瓶 /500mL,如果价格提高为 18.9 元 / 瓶 /500mL,询问被试在提价之后的购买可能性。共通过三个题项对价格敏感度进行测量($\alpha=0.931$),如"如果我要买酱油,我会购买这款铁强化酱油""提价后,我会考虑购买这款铁强化酱油""我愿意以 18.9 元的价格购买这款铁强化酱油"。

(三)健康意识(health consciousness)

关于健康意识的测量,本实验主要参考了 Jayanti 和 Burns(1998)以及 Mai 和 Hoffmann(2012)的测量方法,主要通过消费者对于饮用水、食物,以及自身身体健康状况的关心等方面测量消费者的健康意识。消费者健康意识的测量共六个题项($\alpha=0.857$),如"我担心我的饮用水的质量""我担心我的食物中含有有害化学物质""我通常阅读食品标签上的成分""相比于三年前,我现在会更多地阅读与健康相关的文章""我对我的健康信息很在意""我一直都很关注自己的健康问题"。同样采用利克特 7 级量表,1= 非常不同意,7= 非常同意。

三、实验流程与样本基本信息统计

实验开始前首先通过材料告知被试，铁营养素是人体所需的必备营养素、我国目前缺铁的现状，以及可以通过食物或专用营养补充剂进行补铁。之后告知被试现在市场上新推出一种"铁强化酱油"，其价格为多少以及广告宣传语，同时告知被试同类富铁酱油的市场均价为多少。为了更加直观地展示实验材料信息，方便被试理解，本实验还通过图片的形式对材料信息进行展示，并在图片上通过文字信息对消费者调节定向进行操纵。之后，通过量表测量被试的购买意愿及价格敏感度。在问卷的最后，进行人口统计学信息的收集，以及消费者健康意识的测量。

本次实验共招募了417名有效被试，被试中男性共151名，占被试总人数的36.2%，女性266名，占被试总数的63.8%。被试的年龄主要集中在25岁以下和25~35岁，被试人数分别为140名和181名，占总人数的33.6%和43.4%。在被试的受教育程度方面，主要集中在本科学历，被试人数为219名，占比52.5%。被试职业主要以公司职员为主，共275名，占被试总人数的65.9%。在家庭平均月收入方面，被试情况相对较为均衡，其中家庭平均月收入在3000（含）~5000元的人略多一点，人数为96名，占比23.0%，7000（含）~10000元和10000（含）~15000元的被试皆为78名（18.7%）。在家庭平均月消费方面，主要集中在2000（含）~3000元和3000（含）~5000元，各有124名和119名被试，分别占被试总人数的29.7%和28.5%。具体情况见表4-3。

表4-3 有效样本基本情况统计

项目	基本情况	频次（n）	有效百分比/%	总数（N）
性别	男	151	36.2	417
	女	266	63.8	
年龄	25岁及以下	140	33.6	417
	25~35岁	181	43.4	
	35~45岁	62	14.9	
	45~55岁	22	5.3	
	55岁以上	12	2.9	

续表

项目	基本情况	频次（n）	有效百分比/%	总数（N）
受教育程度	没上过学	2	0.5	417
	小学	3	0.7	
	初中	13	3.1	
	高中或中专	61	14.6	
	专科	84	20.1	
	本科	219	52.5	
	研究生及以上	35	8.4	
职业	公司职员	275	65.9	417
	个体工商户	36	8.6	
	老师、公务员	49	11.8	
	农民	19	4.6	
	其他（医生、技术员等）	38	9.1	
家庭平均月收入	3000元以下	41	9.8	417
	3000（含）～5000元	96	23.0	
	5000（含）～7000元	64	15.3	
	7000（含）～10000元	78	18.7	
	10000（含）～15000元	78	18.7	
	15000（含）元以上	60	14.4	
家庭平均月消费	1000元以下	22	5.3	417
	1000（含）～2000元	80	19.2	
	2000（含）～3000元	124	29.7	
	3000（含）～5000元	119	28.5	
	5000（含）～10000元	58	13.9	
	10000（含）元以上	14	3.4	

四、实验结果分析

（一）操纵检验

在被试阅读完实验材料之后，首先通过询问被试"您认为这种铁强化酱油的价格如何？"，请被试在1～7之间进行打分，数字越小表明越便宜、越低价，数字越大表明越昂贵、越高价。操纵检验结果表明，$M_{相对高价}$=5.22，SD=1.065；

$M_{相对低价}$=2.35,SD=1.198;t(415)=25.894,p<0.001。因此,证明相对价格比较的操纵成功,被试可以明显地感知到价格之间的差异。

(二)假设检验

1.相对价格比较与企业沟通策略匹配对消费者购买意愿的影响

本实验采用多因素方差分析进行相对价格比较与企业沟通策略匹配对消费者购买意愿的影响检验,结果表明,相对价格比较[F(1,417)=1.984,p=0.160>0.05]和企业沟通策略[F(1,417)=0.573<1,p=0.449>0.05]分别对消费者购买意愿的影响均不显著;但二者的交互作用,即相对价格比较与企业沟通策略的匹配对消费者购买意愿的影响十分显著[F(1,417)=17.208,p<0.001],如图4-6所示。

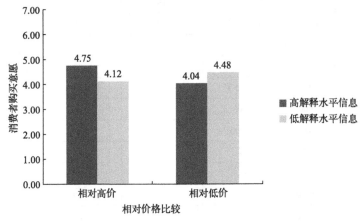

图4-6 相对价格比较与企业沟通策略匹配对消费者购买意愿的影响

为了进一步明确相对价格比较和企业沟通策略匹配对消费者购买意愿的具体影响,本书进一步检验了在不同相对价格比较下,企业沟通策略对消费者购买意愿的影响。结果表明,当相对价格比较较高时,相比于低解释水平的信息,企业采取解释性水平较高的沟通信息,消费者购买意愿更高,且二者差异显著[$M_{购买意愿-高解释水平}$=4.75,SD=1.164;$M_{购买意愿-低解释水平}$=4.12,SD=1.315,F(1,208)=13.540,p<0.001];当相对价格比较较低时,相比于高解释水平的信息,企业采取解释性水平较低的沟通信息,消费者购买意愿较高[$M_{购买意愿-高解释水平}$=4.04,SD=1.440;$M_{购买意愿-低解释水平}$=4.48,SD=1.331,F(1,207)=5.168,p=0.024<0.05]。因此,再次验证H1。

2. 价格敏感度的中介作用检验

本实验同样采取目前受到学者们广泛认同的中介检验办法 Bootstraping 分析法（陈瑞、郑毓煌、刘文静，2013；Hayes，2013；Preacher，Rucker and Hayes，2007），在 95% 的置信区间下，采用模型 4，以相对价格比较和企业沟通策略匹配为自变量，以消费者购买意愿为因变量，检验价格敏感度的中介作用。分析结果表明，价格敏感度显著中介了相对价格比较和企业沟通策略匹配对消费者购买意愿的影响（$B=0.210$，SE=0.073，CI_{95}=[0.073，0.357]，不包含 0）。进一步分析可知，相对价格比较与企业沟通策略匹配显著地负向影响了消费者价格敏感度（$B=-0.432$，SE=0.146，CI_{95}=[-0.719，-0.146]，不包含 0），即二者越匹配，消费者的价格敏感度越低。价格敏感度也显著地负向影响了消费者购买意愿（$B=-0.486$，SE=0.036，CI_{95}=[-0.558，-0.415]，不包含 0），消费者价格敏感度越高，购买意愿越低（图 4-7）。因此，再次验证 H2。

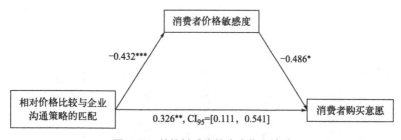

图 4-7　价格敏感度的中介作用检验

3. 健康意识的调节作用检验

本书同样运用 Bootstraping 分析方法，采用模型 3，设定为 5000 次重复抽样，检验相对价格比较、企业沟通策略，以及消费者健康意识三元交互对消费者决策的影响。检验结果表明，相对价格比较、企业沟通策略和消费者健康意识三者之间交互作用显著（$B=0.909$，SE=0.294；t（417）=3.090，$p=0.002<0.05$；95% 置信区间（CI_{95}）=[0.331，1.488]，不包含 0）。同时，相对价格比较和企业沟通策略的交互对消费者购买意愿的影响同样显著｛$B=-4.011$，SE=1.666；t（417）=-2.266，$p=0.017<0.05$；CI_{95}=[-7.286，-0.737]，不包含 0｝。相对价格比较和消费者健康意识之间｛$B=-1.387$，SE=0.465；t（417）=-2.983，$p=0.003<0.05$；CI_{95}=[-2.301，-0.473]，不包含 0｝，以及企业沟通策略和消费者健康意识之间｛$B=-1.071$，SE=0.472；t（417）=-2.272，$p=0.024<0.05$；

CI$_{95}$=[−1.997,−0.144],不包含 0},同样表现出了显著的交互作用。

为了更好地说明健康意识的调节作用,根据健康意识的均值和标准差对样本进行分类。将健康意识得分大于均值加一个标准差的样本划分为高健康意识组,将健康意识得分小于均值减一个标准差的样本划分为低健康意识组。当消费者健康意识较高时,相对价格比较和企业沟通策略匹配对消费者购买意愿的影响更大[$F(1, 73)$=11.230,p=0.001＜0.05],在相对价格较高组,$M_{购买意愿-高解释水平}$=5.00＞$M_{购买意愿-低解释水平}$=3.95；在相对价格较低组,$M_{购买意愿-高解释水平}$=3.88＜$M_{购买意愿-低解释水平}$=4.67。当消费者健康意识较低时,相对价格比较和企业沟通策略的匹配对消费者购买意愿影响不显著[$F(1, 69)$=0.001＜1,p=0.970＞0.05](图 4-8)。因此,H3 得到验证。

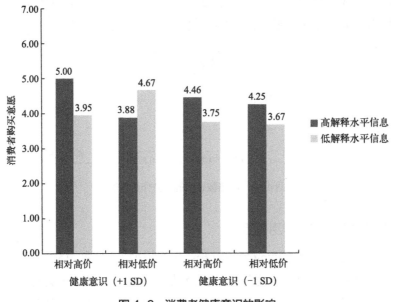

图 4-8 消费者健康意识的影响

4. 调节定向的调节作用检验

同样运用 Bootstraping 分析方法,采用模型 3,设定为 5000 次重复抽样,检验相对价格比较、企业沟通策略,以及调节定向三者交互对消费者购买意愿的影响。检验结果表明,相对价格比较、企业沟通策略和调节定向三者之间交互作用显著{B=1.199,SE=0.522；t(417)=2.296,p=0.022＜0.05；95% 置信区间(CI$_{95}$)=[0.173,2.226],不包含 0}。相对价格比较和调节定向之间{B=

−2.070，SE=0.818；$t(417)=-2.529$，$p=0.012<0.05$；$CI_{95}=[-3.678, -0.461]$，不包含0}，以及企业沟通策略和调节定向之间 {$B=-1.860$，SE=0.824；$t(417)=-2.257$，$p=0.025<0.05$；$CI_{95}=[-3.480, -0.240]$，不包含0}，同样表现出了显著的交互作用。

为了更好地理解调节定向的影响，本实验进一步分析了不同类型的调节定向对相对价格比较和企业沟通策略匹配的影响。结果表明，当消费者为防御定向时，相对价格比较和企业沟通策略匹配对消费者购买意愿的影响显著 [$F(1, 209)=21.087$，$p<0.001$]，在相对价格较高组，$M_{购买意愿-高解释水平}=4.98 > M_{购买意愿-低解释水平}=4.00$；在相对价格较低组，$M_{购买意愿-高解释水平}=3.83 < M_{购买意愿-低解释水平}=4.52$。当消费者为促进定向时，相对价格比较和企业沟通策略的匹配对消费者购买意愿影响不显著 [$F(1, 208)=1.642$，$p=0.201>0.05$]，如图4-9所示。因此，H4得到验证。

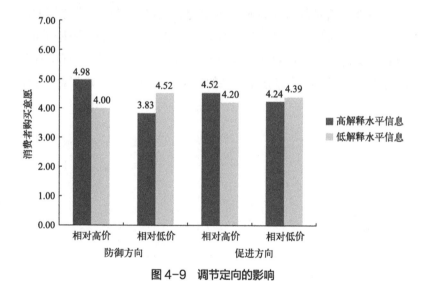

图 4-9 调节定向的影响

第五节
研究结论

本章节的研究主要从相对价格比较的视角，探究了面对不同价格比较的作物营养强化食品，企业采取何种有效的沟通策略能够影响消费者决策，促进消费者选择，提高消费者对于作物营养强化食品的购买意愿。同时，探究了相对价格比较和企业沟通策略的匹配对消费者决策影响的内在机制，以及消费者健康意识和调节定向的影响。本章节一共通过三个实验证明，面对不同价格比较的作物营养强化食品时，企业采取合适的沟通策略能够有效地提升消费者购买意愿。

  具体而言，当新推广的作物营养强化食品的相对价格较高时，企业采取抽象的、高解释水平的沟通信息更好；当新推广的作物营养强化食品的相对价格较低时，企业采取具体的、低解释水平的沟通信息更好。消费者健康意识和调节定向对相对价格比较和企业沟通策略的匹配具有一定的影响。相对于健康意识较低的消费者，当消费者健康意识较高时，相对价格比较和企业沟通策略的匹配效果更好，对消费决策的影响更大。相对于促进定向的消费者，当消费者为防御定向时，相对价格比较和企业沟通策略的匹配效果更好，对消费者决策影响更大。当进行相对价格比较时，企业沟通策略和相对价格比较的匹配主要通过消费者价格敏感度影响消费者决策。当相对价格比较和企业沟通策略匹配时，即相对高价格匹配高解释水平沟通信息，相对低价格匹配低解释水平沟通信息时，消费者对于作物营养强化食品的价格敏感度较低，购买意愿较强。

第五章
产品相对营养比较与企业沟通策略匹配对消费者决策的影响

第一节
假设推导

一、相对营养比较与企业沟通策略匹配对消费者决策的影响

作物营养强化食品作为一种创新型食品，由于营养强化技术手段的不同，同一类型作物营养强化食品中微量营养素的含量不尽相同。本书根据作物营养强化食品中所含同种微量营养素含量的不同，对其营养进行比较。将作物营养强化食品中微量营养素含量较高的称为相对营养比较较高的食品；将作物营养强化食品中微量营养素含量较低的称为相对营养比较较低食品。产品的不同线索容易激活消费者的不同目标，比如：奢侈品更容易激活消费者追求地位的目标（Jeehye，Brian and David，2018）。作物营养强化食品所富含的微量营养素会唤醒人们追求身体健康的目标。唤醒作为一种广义的激活状态，往往会极化消费者对于目标的反应（Gorn，Pham and Sin，2001），同时促使消费者关注更加重要的线索（Easterbrook，1959），即作物营养强化食品中微量营养素含量的多少。

然而，消费者在考虑是否采用一个新产品时，会感知到诸多不确定性。消费者在购买作物营养强化食品时，促进身体健康的效果暂时是未知的，需要长时间的食用才能看到明显的效果，因此对消费者来说作物营养强化食品的功效存在一定的时间延迟，具有不确定性。不确定性（uncertainty）主要指事件结果的不可知性，并且有些事情还存在多种结果的可能性。因此当事件的结果未知或存在多种结果时，人们就会对事件产生不确定性。前人研究表明，当个体对某一事物的不确定性越大，且感知到的时间距离越远时，表明个体与该事物的心理距离越大（Liberman and Trope，2008；Liberman，Trope and Wakslak，2007）。根据解释水平理论，人们对于事物的反应往往取决于其自身与事物之间的心理距离（Trope and Liberman，2003）。当个体对某一事物的心理距离较远时，人们往往会更加关注抽象的、能够反映事物本质特征的信息，即高解释水平的信息；相反，当个体对某一事物的心理距离较近时，人们就会更加关注具体的、表面的信息，即低解释水平的信息。

因此，本书认为对于作物营养强化食品来说，当消费者对作物营养强化食品进行相对营养比较时，当微量营养素含量相对较高时，消费者不确定性较大，

心理距离较远，此时采取高解释水平的沟通信息可以提高消费者对于新产品的接受度；当微量营养素含量相对较低时，消费者与作物营养强化食品的心理距离较近，采取低解释水平的沟通信息可以有效地提高消费者对于作物营养强化食品的接受度。因此，提出假设5：

H5：相对营养比较和企业沟通策略匹配（高－高；低－低）会正向影响消费者对作物营养强化食品的消费决策。

二、独特效用的中介作用

独特效用（distinctiveness utility）是指消费者感知到的产品特性，在多大程度上可以满足自身的独特性需求（Zhenfeng，Zhiyong and Mehdi，2014）。前人研究将独特性需求概念化为对不一致性或与他人不同的追求（Berger and Heath，2007；Tian，Bearden and Hunter，2001）。独特性是一种普遍的人类需求，在自我定义中起着至关重要的作用（Vignoles，Xenia and Glynis，2000）。产品的选择和使用能影响消费者的自我感知，是表明消费者的身份地位、个性和自我形象的重要工具（Belk，1988；Reed，Forehand and Puntoni，2012；Lauren，Jillian and Cait，2019）。消费者往往偏好独特的产品来表明自己与他人的不同。当人们与他人过于相似时，他们会感到不舒服（Cheema and Kaikati，2010）。

作物营养强化食品作为一种特殊的创新型食品，与传统食品差异显著，它含有丰富的微量营养素，具有独特的资源禀赋条件。由于生长环境、生长周期等因素的影响，作物营养强化食品通常不可能像工业品一样数量众多（邓琪、詹家娟，2017），产品感知稀缺性会影响产品感知独特性（Wu，Lu and Wu，2012）。因此，本书认为由于其独特的资源禀赋和稀缺性，作物营养强化食品容易满足消费者的独特性需求。作物营养强化食品的相对营养比较与企业的沟通策略匹配更有助于提升消费者的独特效用。当采用高解释水平的企业沟通信息来推广相对营养较高的作物营养强化食品时，消费者更能感知到食品的独特效用；当采用低解释水平的企业沟通信息来推广相对营养较低的作物营养强化食品时，消费者感知到的独特效用更高。

前人研究表明，超越产品功能的不同或独特性可以显著影响消费者决策（Berger and Heath，2007；Tian，Bearden and Hunter，2001）。独特的产品更容易满足消费者心中对特定属性的渴求，进而引起消费者对产品的共鸣，提升消费者的购买意愿（黄敏学、王贝贝、廖俊云，2015）。消费者感知到的独特效用越高,对于创新产品的接受度也就越高(Zhenfeng, Zhiyong and Mehdi, 2014)。基于此,提出假设6:

H6:独特效用中介了相对营养比较和企业沟通策略匹配对消费者作物营养强化食品决策的影响。

三、健康意识对相对价格比较和企业沟通策略匹配的影响

健康意识(health consciousness, HC)是指个体对自身健康的关注程度(Gould, 1998; Jayanti and Burns, 1998; Michaelidou and Hassan, 2010)。相较于高健康意识的个体,低健康意识的个体对健康行为的积极性较低(Michaelidou and Hassan, 2010),在他们的食物决策中更可能选择不健康的食物(Prasad, Strijnev and Zhang, 2008)。而健康意识较高的个体在评价健康食品时,会使用他们之前的健康知识(Gould, 1998)和确认偏误(Naylor等,2009)对食品做出判断。健康意识越高的消费者,越关注与健康相关的食品(Robert, 2012)。健康意识促进了个体关于疾病预防的关注(Jayanti and Burns, 1998),从而提高消费者对于健康食品的购买意愿(Lockie, Lyons and Lawrence, 2002)。

作物营养强化食品的微量营养素含量相对较高,对于消费者来说感知更健康。加之企业采取合适的沟通策略,在一定程度上强化了消费者追求健康、预防疾病的目的,从而促进消费者决策。因此,本书认为健康意识在一定程度上调节了相对营养比较和企业沟通策略匹配对消费者决策的影响。当消费者健康意识较高时,相对营养比较和企业沟通策略的匹配较强。基于此,提出假设7:

H7:健康意识调节了相对营养比较和企业沟通策略匹配对消费者决策的影响。当消费者健康意识较高时,相对营养比较和企业沟通策略的匹配较强;当消费者健康意识较低时,二者的匹配效应较弱。

四、调节定向对相对营养比较和企业沟通策略匹配的影响

个体差异或由产品类别与购物环境(如广告)所引起的差异(Newman, Howlett and Burton, 2014; Escaron, Meinen and Nitzke, 2013),会导致消费者的饮食目标不同,进而影响消费者的购买选择。例如,以节食为目标的消费者倾向于选购卡路里较低的同类食品(Cavanagh and Forestell, 2013)。也就是说,消费者决策不仅会受其健康知识的调节,还会在其目标追求过程中受到调节定向(regulatory focus)的调节。调节定向理论(regulatory focus theory,

RFT），(Higgins，1987）认为，个体会努力地控制和改变自己的思想、行为或反应，以实现特定目标，且在此过程中表现出特定的行为方式或倾向，即促进定向（promotion focus）或防御定向（regulatory focus）。受不同调节定向主导的个体在认知和行为上存在差异，譬如促进定向的个体更关注积极的后果，对于信息的包容性更强，思维也更加发散（Crowe and Higgins，1997；杜晓梦、赵占波、崔晓，2015），他们更倾向于使用探索性的信息加工方式，并且更强调速度；而防御定向的个体倾向于从"损失"的视角看待信息（Lee，Keller and Sternthal，2010），思维方式也更加严谨，且善于发掘事物之间的深层联系（Zhu and Meyers-Levy，2007）。因此在信息沟通过程中，当激活消费者防御定向倾向时，更容易启动消费者的认知处理系统，即会消耗更多的认知资源进行深入的思考。并且，认知心理学的有关研究发现，相较于同等程度的正面信息，人们更加重视负面信息，也可以说负面信息对产品评估、消费者决策的影响往往更大（Herr，Kardes and Kim，1991；Fiske，1980）。

因此，在消费者选购作物营养强化食品时，相较于告知消费者补充微量营养素能够提高身体免疫力的正面消息，企业通过告知消费者缺少微量营养素可能带来的负面伤害，进而激活消费者防御定向倾向，能够更好地促进相对营养比较与企业沟通策略的匹配。基于此，本书提出假设8：

H8：调节定向调节了相对营养比较和企业沟通策略匹配对消费者决策的影响。当消费者为防御定向时，相对营养比较和企业沟通策略的匹配较强；当消费者为促进定向时，二者匹配效应较弱。

综合H5～H8建立研究模型（2），如图5-1所示。

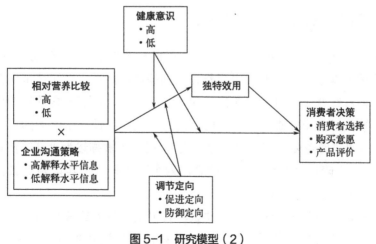

图5-1 研究模型（2）

第二节
相对营养比较与企业沟通策略的匹配影响研究

一、实验目的与实验材料设计

本实验的目的是验证H5，即相对营养比较与企业沟通策略的匹配对消费者决策的影响。采用2（相对营养比较：高 vs. 低）×2（企业沟通策略：高解释水平信息 vs. 低解释水平信息）的混合实验，通过描述关于食品中微量营养素含量的信息来进行相对营养比较的操纵，并运用不同的广告语来展示不同解释水平下的企业沟通信息。考虑到如果进行产品选择的话，大部分消费者都会更加倾向于高营养的产品，因此在实验设计的时候，本实验采取的是让被试在相对营养比较的情况下，选择他认为更加合适的广告信息。

本实验以"富锌燕麦"为实验材料，在相对营养比较较高的组，告知被试现在市场上准备新推出一种富锌燕麦，其锌营养素含量为10.36mg/100g，而市场上已有的其他富锌燕麦的平均含锌量大约为5.18mg/100g；在相对营养比较较低的组，告知被试现在市场上准备新推出一种富锌燕麦，其锌营养素含量为10.36mg/100g，而市场上已有的其他富锌燕麦的平均含锌量大约为15.54mg/100g。企业沟通策略的操纵主要还是通过产品的广告语进行，高解释水平的产品广告被描述为"富锌燕麦，为健康活力加分"，低解释水平的产品广告被描述为"富锌燕麦，富含更多锌元素"。

二、实验流程与样本基本信息统计

实验开始前首先通过材料告知被试，锌营养素的作用、缺锌会造成的影响，并告知被试可以通过食物或专用营养补充剂补锌。然后，告知被试现在市场上新推出一种富锌燕麦，包括其含锌量的信息和其他富锌燕麦含锌量的信息。之后，告知被试目前企业想为新推出的"富锌燕麦"设计一个恰当的广告语，一个被描述为"富锌燕麦，富含更多锌元素"，另一个被描述为"富锌燕麦，为健康活力加分"。请被试结合提供的信息，为企业选择一个其认为更加合适的广告。最后是人口统计学信息的收集。

本次实验共招募了218名有效被试，其中相对营养比较较高组共101名被试，相对营养比较较低组共117名被试。被试中男性共95名，占被试总人数的43.6%，女性123名占被试总数的56.4%。被试的年龄主要集中在25～35岁，共91名，占总人数的41.7%。在被试的受教育程度方面，主要集中在本科学历，共101人，占被试总人数的46.3%。被试职业主要以公司职员为主，共145名，占被试总人数的66.5%。在家庭平均月收入方面，被试主要集中在3000（含）～5000元和7000（含）～10000元，分别为45名和51名，占比分别为20.6%和23.4%。在家庭平均月消费方面，被试主要集中在2000（含）～3000元和3000（含）～5000元，各有59名被试，分别占被试总人数的27.1%。其他有关被试的具体情况，详见表5-1。

表5-1 有效样本基本情况统计

项目	基本情况	频次（n）	有效百分比 / %	总数（N）
性别	男	95	43.6	218
	女	123	56.4	
年龄	25岁及以下	57	26.1	218
	25～35岁	91	41.7	
	35～45岁	41	18.8	
	45～55岁	23	10.6	
	55岁以上	6	2.8	
受教育程度	小学	4	1.8	218
	初中	13	6.0	
	高中或中专	29	13.3	
	专科	51	23.4	
	本科	101	46.3	
	研究生及以上	20	9.2	
职业	公司职员	145	66.5	218
	个体工商户	19	8.7	
	老师、公务员	28	12.8	
	农民	7	3.2	
	其他（医生、技术员等）	19	8.7	
家庭平均月收入	3000元以下	19	8.7	218
	3000（含）～5000元	45	20.6	
	5000（含）～7000元	28	12.8	
	7000（含）～10000元	51	23.4	
	10000（含）～15000元	34	15.6	
	15000（含）元以上	41	18.8	

续表

项目	基本情况	频次（n）	有效百分比 / %	总数（N）
家庭平均月消费	1000 元以下	8	3.7	218
	1000（含）~ 2000 元	40	18.3	
	2000（含）~ 3000 元	59	27.1	
	3000（含）~ 5000 元	59	27.1	
	5000（含）~ 10000 元	45	20.6	
	10000（含）元以上	7	3.2	

三、实验结果分析

在相对营养比较较高的情况下，大多数消费者选择了高解释水平的广告语"富锌燕麦，为健康活力加分"（58.42%［59/101］）。而在相对营养比较较低的情况下，大多数消费者更倾向于选择低解释水平的广告语"富锌燕麦，富含更多锌元素"（56.41%［66/117］；χ^2=4.767，p=0.029＜0.05），如图 5-2 所示。基本验证了本书的主效应，即 H5，相对营养比较与企业沟通策略的匹配能够影响消费者对于作物营养强化食品的消费决策。具体而言，消费者认为相对营养比较较高的产品更适合用解释性水平更高的广告语，而相对营养比较较低的产品更适合用解释性水平较低的广告语。

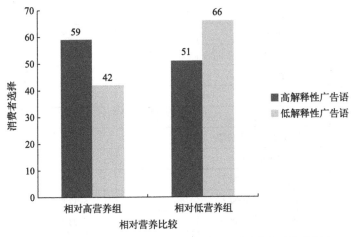

图 5-2　相对营养比较和企业沟通策略匹配对消费者选择的影响

第三节
主效应与独特效用的中介作用验证

一、实验目的与实验材料设计

本实验的目的主要是再一次验证主效应（H5），同时验证独特效用的中介作用（H6）。采用 2（相对营养比较：高 vs. 低）×2（企业沟通策略：高解释水平信息 vs. 低解释水平信息）的组间实验，同样通过操纵产品的相对营养比较，并运用不同的广告语来展示不同解释水平下的企业沟通信息，测量消费者的独特效用感知以及对作物营养强化食品的购买意愿。

本实验以"富锌挂面"为实验对象。在相对营养比较较高的组，告知被试市场上新推出的这种富锌挂面的锌含量为 7.8mg/100g，高于市场其他同类富锌挂面的锌含量，并标明其他富锌挂面的平均锌含量约为 2.6mg/100g；在相对营养比较较低的组，告知被试市场上新推出的这种富锌挂面的锌含量为 7.8mg/100g，低于市场其他同类富锌挂面的锌含量，并标明其他富锌挂面的平均锌含量约为 12.6mg/100g。关于富锌挂面的广告语，高解释水平的广告语被描述为"富锌挂面，让生活细水长流"，低解释水平的广告语被描述为"富锌挂面，手擀爽滑有劲道"。每组实验材料分别包含一种相对营养比较的信息和一种解释水平的广告语，共 4 个实验组。

二、变量测量

（一）购买意愿（purchase intention）

关于消费者购买意愿的测量主要参考了 Chattopadhyay 和 Basu（1990）以及 Sundar 和 Noseworthy（2016）的测量方法，直接询问被试"您多大程度上愿意购买市场上新推出的这种富锌挂面？"采用利克特 7 级量表，1= 非常不愿意，7= 非常愿意。

（二）独特效用（distinctiveness utility）

本书关于独特效用的测量主要参考了 Muro（2013）以及 Ma 等（2014）的测量方法，通过询问被试对于产品的独特性感知来测量消费者独特效用，共三个题项（$\alpha=0.898$），如"我认为这种富锌挂面很常见""我认为这种富锌挂面很不同""我认为这种富锌挂面很独特"。同样采用利克特 7 级量表，1= 非常不同意，7= 非常同意。

三、实验流程与样本基本信息统计

实验开始前，首先通过材料告知被试，锌营养素的作用、缺锌会造成的影响，并告知被试可以通过食物或专用营养补充剂进行补锌。之后，告知被试现在市场上新推出一种富锌挂面，同时给出新推出的富锌挂面的含锌量信息、其他富锌挂面的含锌量信息，以及富锌挂面的广告语信息。采取文字+图片的形式展现实验材料。最后通过量表测量被试的购买意愿、独特效用感知，以及进行人口统计学信息的收集。

本次实验共招募了 417 名有效被试，其中相对高营养+高解释水平信息组共 103 名被试，相对高营养+低解释水平信息组共 104 名被试，相对低营养+高解释水平信息组共 105 名被试，相对低营养+低解释水平信息组共 105 名被试。被试中男性共 170 名，占被试总人数的 40.8%，女性 247 名占被试总数的 59.2%。被试的年龄主要集中在 25 岁以下和 25～35 岁，被试人数分别为 128 名和 184 名，分别占总人数的 30.7% 和 44.1%。在被试的受教育程度方面，主要集中在本科学历，被试人数 222 名，占比 53.2%。被试职业主要以公司职员为主，共 267 名，占被试总人数的 64.0%。在家庭平均月收入方面，被试情况相对较为均衡，其中家庭平均月收入在 3000（含）～5000 元和 5000（含）～7000 元的被试分别为 82 名（19.7%）和 81 名（19.4%）。在家庭平均月消费方面，主要集中在 2000（含）～3000 元和 3000（含）～5000 元，各有 108 名和 120 名被试，分别占被试总人数的 25.9% 和 28.8%。具体情况见表 5-2。

表5-2 有效样本基本情况统计

项目	基本情况	频次（n）	有效百分比/%	总数（N）
性别	男	170	40.8	417
	女	247	59.2	
年龄	25 岁及以下	128	30.7	417
	25～35 岁	184	44.1	
	35～45 岁	78	18.7	
	45～55 岁	17	4.1	
	55 岁以上	10	2.4	

续表

项目	基本情况	频次（n）	有效百分比/%	总数（N）
受教育程度	没上过学	1	0.2	417
	小学	1	0.2	
	初中	21	5.0	
	高中或中专	64	15.3	
	专科	78	18.7	
	本科	222	53.2	
	研究生及以上	30	7.2	
职业	公司职员	267	64.0	417
	个体工商户	35	8.4	
	老师、公务员	60	14.4	
	农民	17	4.1	
	其他（医生、技术员等）	38	9.1	
家庭平均月收入	3000 元以下	42	10.1	417
	3000（含）～5000 元	82	19.7	
	5000（含）～7000 元	81	19.4	
	7000（含）～10000 元	79	18.9	
	10000（含）～15000 元	76	18.2	
	15000（含）元以上	57	13.7	
家庭平均月消费	1000 元以下	21	5.0	417
	1000（含）～2000 元	83	19.9	
	2000（含）～3000 元	108	25.9	
	3000（含）～5000 元	120	28.8	
	5000（含）～10000 元	62	14.9	
	10000（含）元以上	23	5.5	

四、实验结果分析

（一）操纵检验

在被试阅读完实验材料之后，首先通过询问被试"与市场上其他同类富锌挂面相比，您认为新推出的这款富锌挂面的营养价值如何？"请被试在 1～7 之间进行打分，数字越小表示营养价值越低、营养素含量越少，数字越大表示营养价值越高、营养素含量越多。操纵检验结果表明，$M_{相对高营养}$=5.00，SD=0.945；$M_{相对低营养}$=3.44，SD=0.830；t（415）=17.888，$p<0.001$。因此，证明相对营养比较的操纵成功，被试可以明显地感知到营养素含量之间的差异。

（二）假设检验

1. 相对营养比较与企业沟通策略匹配对消费者购买意愿的影响

本书采用多因素方差分析进行相对营养比较与企业沟通策略匹配对消费者购买意愿的影响检验，结果表明，相对营养比较［F（1，417）=46.158，$p<0.001$］和企业沟通策略［F（1，417）=6.750，p=0.005＜0.05］分别对消费者购买意愿的影响显著；并且相对营养比较与企业沟通策略的匹配对消费者购买意愿的影响也十分显著［F（1，417）=129.910，$p<0.001$］，如图5-3所示。

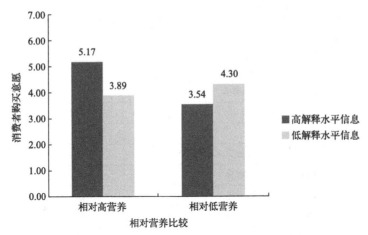

图5-3 相对营养比较与企业沟通策略匹配对消费者购买意愿的影响

为了进一步明确相对营养比较和企业沟通策略匹配对消费者购买意愿的具体影响，本书进一步检验了在不同相对营养比较下，企业沟通策略对消费者购买意愿的影响。结果表明，当相对营养比较较高时，相比于低解释水平的沟通信息，企业采取解释性水平较高的沟通信息时，消费者购买意愿更高，且二者差异显著［$M_{购买意愿-高解释水平}$=5.17，SD=0.981；$M_{购买意愿-低解释水平}$=3.89，SD=0.681，F（1，206）=117.321，$p<0.001$］；当相对营养比较较低时，相比于高解释水平的沟通信息，企业采取解释性水平较低的沟通信息更好

[$M_{购买意愿-高解释水平}$=3.54,SD=1.047;$M_{购买意愿-低解释水平}$=4.30,SD=0.889,$F(1,209)$=32.292,$p<0.001$]。因此,H5得到验证。

2. 独特效用的中介作用检验

本书采取目前受到学者们广泛认同的中介检验办法Bootstraping分析法(陈瑞、郑毓煌、刘文静,2013;Hayes,2013;Preacher,Rucker and Hayes,2007),在95%的置信区间下,采用模型4,以相对营养比较和企业沟通策略匹配为自变量,以消费者购买意愿为因变量,检验独特效用的中介作用。分析结果表明,独特效用显著中介了相对营养比较和企业沟通策略匹配对消费者购买意愿的影响(B=0.289,SE=0.088,CI_{95}=[0.129,0.472],不包含0)。进一步分析可知,相对营养比较与企业沟通策略匹配显著地正向影响了消费者独特效用感知(B=1.430,SE=0.093,CI_{95}=[1.248,1.613],不包含0),即二者越匹配,消费者独特效用感知越高。独特效用也显著地正向影响了消费者购买意愿(B=0.202,SE=0.049,CI_{95}=[0.106,0.298],不包含0),消费者独特效用感知越高,对于作物营养强化食品的购买意愿越高,如图5-4所示。因此,H6得到验证。

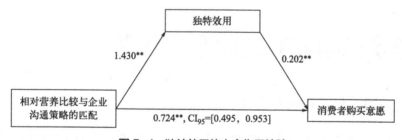

图5-4 独特效用的中介作用检验

本书通过方差分析进行了检验,进一步了解相对营养比较和企业沟通策略匹配对消费者独特效用的影响。结果表明,相对营养比较[$F(1,417)$=7.215,p=0.008<0.05]和企业沟通策略[$F(1,417)$=4.469,p=0.035<0.05]分别对消费者独特效用的影响显著,且两者的匹配,即二者的交互作用对消费者独特效用的影响也是十分显著的[$F(1,417)$=243.227,$p<0.001$]。并且,通过单因素方差分析可以发现,当相对营养比较较高时,相比于解释水平较低的企业沟通策略,企业采取解释水平较高的沟通策略时,消费者独特效用更高[$M_{独特效用-高解释水平}$=5.48,SD=0.921;$M_{独特效用-低解释水平}$=3.85,SD=0.718,$F(1,206)$=200.915,$p<0.001$]。而当相对营养比较较低时,相比于解释水

平较高的企业沟通策略，企业采取解释水平较低的沟通策略时，消费者独特效用更高 [$M_{独特效用-高解释水平}$=3.80，SD=1.121；$M_{独特效用-低解释水平}$=4.48，SD=0.944，$F(1, 209)$=74.920，$p < 0.001$]，如图 5-5 所示。

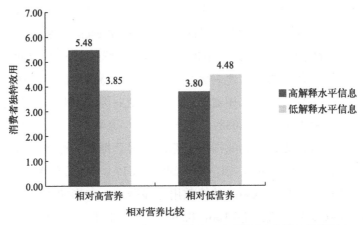

图 5-5　相对营养比较与企业沟通策略匹配对消费者独特效用的影响

第四节
健康意识与调节定向影响研究

一、实验目的与实验材料设计

实验三的目的主要是验证健康意识（H7）和调节定向（H8）对相对营养比较和企业沟通策略匹配对消费者决策影响的调节作用。采用 2（相对营养比较：高 vs. 低）×2（企业沟通策略：高解释水平信息 vs. 低解释水平信息）×2（调节定向：促进定向 vs. 防御定向）的组间实验设计。通过操纵相对营养比较和企业沟通策略，同时通过告知消费者不同信息启动消费者不同类型的调节定向，观察消费者独特效用感知，以及消费者对作物营养强化食品的产品评价。

本实验以"富锌豆奶"为实验对象。在相对营养比较较高的组，告知被试新推出的富锌豆奶中锌含量为 0.96mg/100g，高于市场上其他同类富锌豆奶的锌含量 0.48mg/100g；在相对营养比较较低的组，告知被试新推出的富锌豆奶中锌含量为 0.96mg/100g，低于市场上其他同类富锌豆奶的锌含量 1.44mg/100g。关于富锌豆奶的广告语，高解释水平的广告语被描述为"享富锌豆奶，品非凡人生",低解释水平的广告语被描述为"富锌大豆研磨,富含更多锌元素"。本实验通过告知被试补锌的好处和缺锌的危害来启动消费者不同类型的调节定向。在促进定向组,告知被试"补锌可以提高人体免疫力,促进人体的生长发育,帮助大脑和智力的发展";在防御定向组则告知被试"缺锌会导致人体免疫力下降,出现生长发育不良,身材矮小,智力发育落后等问题"。本实验共分为 8 个实验组,每组实验材料分别包含一种相对营养比较的信息、一种解释水平的广告语,以及一种调节定向的启动信息。

二、变量测量

(一)产品评价(product evaluation)

关于产品评价的测量,本书参考了 Godin(2010)的对食物评价的测量方式,共三个题项($\alpha=0.897$),如"这个豆奶看起来更有营养""我觉得喝这个豆奶能让我更加健康""这个豆奶更令我满意"。采用利克特 7 级评分量表,1 表示非常不同意,7 表示非常同意。

(二)独特效用(distinctiveness utility)

关于独特效用的测量,同样主要参考了 Muro(2013)以及 Ma 等(2014)的测量方法,通过询问被试对于产品的独特性感知来测量消费者独特效用,共三个题项($\alpha=0.882$),如"我认为这种富锌豆奶很常见""我认为这种富锌豆奶很不同""我认为这种富锌豆奶很独特"。同样采用利克特 7 级量表,1 表示非常不同意,7 表示非常同意。

(三)健康意识(health consciousness)

关于健康意识的测量,本书参考了 Jayanti 和 Burns(1998)以及 Mai 和 Hoffmann(2012)的测量方法,通过六个题项进行测量($\alpha=0.809$),例如"相比于三年前,我现在会更多地阅读与健康相关的文章""我对我的健康信息很在意""我一直都很关注自己的健康问题"。同样采用利克特 7 级量表,1 表示非常不同意,7 表示非常同意。

三、实验流程与样本基本信息统计

实验开始前首先通过材料告知被试,锌营养素是人体的必需微量营养素,日常可以通过食物或专用营养补充剂进行补充。之后告知被试现在市场上新推出一种富锌豆奶，并且告知被试这种富锌豆奶的锌含量和市场同类产品的锌含量，以及富锌豆奶的广告语信息。为了便于更直观地展示实验材料信息，方便被试理解，通过图片的形式对材料信息进行展示，并在图片上通过文字信息进行消费者调节定向的操纵。之后，通过量表测量被试对富锌豆奶的产品评价及消费者独特效用感知。在问卷的最后，进行人口统计学信息的收集，以及消费者健康意识的测量。

本次实验共招募了415名有效被试，被试中男性共168名，占被试总人数的40.5%，女性247名占被试总数的59.5%。被试的年龄主要集中在25岁以下和25～35岁，被试人数分别为163名和157名，占总人数的39.3%和37.8%。在被试的受教育程度方面，主要集中在本科学历，被试人数为253名，占比61.0%。被试职业主要以公司职员为主，共283名，占被试总人数的68.2%。在家庭平均月收入方面，主要集中在5000（含）～7000元和7000（含）～10000元，被试分别为85名（20.5%）和82名（19.8%）。在家庭平均月消费方面，主要集中在3000（含）～5000元，有135名被试，占被试总人数的32.5%。具体情况见表5-3。

表5-3 有效样本基本情况统计

项目	基本情况	频次（n）	有效百分比/%	总数（N）
性别	男	168	40.5	415
	女	247	59.5	
年龄	25岁及以下	163	39.3	415
	25～35岁	157	37.8	
	35～45岁	69	16.6	
	45～55岁	20	4.8	
	55岁以上	6	1.4	
受教育程度	没上过学	2	0.5	415
	小学	4	1.0	
	初中	6	1.4	
	高中或中专	34	8.2	
	专科	71	17.1	
	本科	253	61.0	
	研究生及以上	45	10.8	

续表

项目	基本情况	频次（n）	有效百分比 /%	总数（N）
职业	公司职员	283	68.2	415
	个体工商户	33	8.0	
	老师、公务员	60	14.5	
	农民	7	1.7	
	其他（医生、技术员等）	32	7.7	
家庭平均月收入	3000 元以下	31	7.5	415
	3000（含）～5000 元	67	16.1	
	5000（含）～7000 元	85	20.5	
	7000（含）～10000 元	82	19.8	
	10000（含）～15000 元	79	19.0	
	15000（含）元以上	71	17.1	
家庭平均月消费	1000 元以下	19	4.6	415
	1000（含）～2000 元	73	17.6	
	2000（含）～3000 元	96	23.1	
	3000（含）～5000 元	135	32.5	
	5000（含）～10000 元	75	18.1	
	10000（含）元以上	17	4.1	

四、实验结果分析

（一）操纵检验

在被试阅读完实验材料之后，首先通过询问被试"与市场上其他同类富锌豆奶相比，您认为新推出的这款富锌豆奶的营养价值如何？"请被试在 1~7 之间进行打分，数字越小表示营养价值越低、营养素含量越少，数字越大表示营养价值越高、营养素含量越多。操纵检验结果表明，$M_{相对高营养}$=5.68，SD=1.031；$M_{相对低营养}$=2.72，SD=1.140；t（413）=27.705，$p < 0.001$。因此，证明相对营养比较的操纵成功，被试可以明显地感知到产品间营养素含量的差异。

（二）假设检验

1. 相对营养比较与企业沟通策略匹配对消费者产品评价的影响

本书采用多因素方差分析进行相对营养比较与企业沟通策略匹配对消费者

产品评价的影响检验，结果表明，相对营养比较对消费者产品评价的影响显著 [$F(1, 415) =34.965, p < 0.001$]，企业沟通策略对消费者产品评价的影响不显著 [$F(1, 415) =0.074 < 1, p=0.786 > 0.05$]。但相对营养比较与企业沟通策略的匹配对消费者产品评价的影响显著 [$F(1, 415) =43.329, p < 0.001$]。

为了进一步明确相对营养比较和企业沟通策略匹配对消费者产品评价的具体影响，本书进一步检验了在不同相对营养比较情况下，企业沟通策略对消费者产品评价的影响。结果表明，当相对营养比较较高时，相比于低解释水平的沟通信息，企业采取解释性水平较高的沟通信息，消费者产品评价更好，且二者差异显著 [$M_{产品评价-高解释水平}=5.35, SD=1.009; M_{产品评价-低解释水平}=4.70, SD=1.059, F(1, 209) =20.168, p < 0.001$]；当相对价格比较较低时，相比于高解释水平的沟通信息，企业采取解释性水平较低的沟通信息更好 [$M_{产品评价-高解释水平}=4.07, SD=1.104; M_{产品评价-低解释水平}=4.78, SD=0.975, F(1, 204) = 23.195, p < 0.001$]，如图5-6所示。因此，再次验证H5。

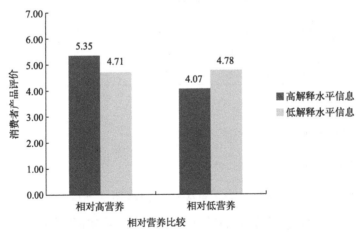

图5-6　相对营养比较与企业沟通策略匹配对消费者产品评价的影响

2. 独特效用的中介作用检验

同样采取目前受到学者们广泛认同的中介检验办法Bootstraping分析法（陈瑞、郑毓煌、刘文静，2013；Hayes，2013；Preacher, Rucker and Hayes, 2007），在95%的置信区间下，采用模型4，以相对营养比较和企业沟通策略匹配为自变量，以消费者产品评价为因变量，检验独特效用的中介作用。分析结果表明，独特效用显著中介了相对营养比较和企业沟通策略的匹配对消费者产品评价的影响（B=0.090，SE=0.035，CI_{95}=［0.031，0.172］，不包含0）。进一步分析可知，相对营养比较与企业沟通策略的匹配显著地正向影响了消费者独特效用感知（B=0.350，SE=0.116，CI_{95}=［0.122，0.579］，不包含0），即二者越匹配，消费者感知到的独特效用越高。独特效用也显著地正向影响了消费者产品评价（B=0.256，SE=0.043，CI_{95}=［0.171，0.341］，不包含0），消费者感知到的独特效用越高，消费者产品评价越正面，如图5-7所示。因此，再一次验证H6。

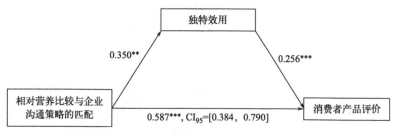

图5-7　独特效用的中介作用检验

3. 健康意识的调节作用检验

本书同样运用Bootstraping分析方法，采用模型3，设定为5000次重复抽样，检验相对营养比较、企业沟通策略，以及消费者健康意识三者交互对消费者决策的影响。检验结果表明，相对营养比较、企业沟通策略和消费者健康意识三者之间交互作用显著｛B=0.463，SE=0.231；t（415）=2.003，p=0.046＜0.05；95%置信区间（CI_{95}）=［0.009，0.918］，不包含0｝。并且，相对营养比较和消费者健康意识之间｛B=−0.940，SE=0.357；t（415）=−2.631，p=0.009＜0.05；CI_{95}=［−1.643，−0.238］，不包含0｝，以及企业沟通策略和消费者健康意识之间｛B=−0.973，SE=0.375；t（415）=−2.593，p=0.010＜0.05；CI_{95}=［−1.710，−0.235］，不包含0｝，同样表现出了显著的交互作用。

为了更好地说明健康意识的调节作用，本实验根据健康意识的均值和标准差对样本进行分类。将健康意识得分大于均值加一个标准差的样本划分为高健康意识组，将健康意识得分小于均值减一个标准差的样本划分为低健康意识组。当消费者健康意识较高时，相对营养比较和企业沟通策略的匹配对消费者产品评价的影响更大［F(1，93)=32.462，p＜0.001］，在相对营养比较较高组，$M_{产品评价-高解释水平}$=6.14＞$M_{产品评价-低解释水平}$=4.82；在相对营养比较较低组，$M_{产品评价-高解释水平}$=4.11＜$M_{产品评价-低解释水平}$=4.86。当消费者健康意识较低时，相对营养比较和企业沟通策略的匹配对消费者产品评价影响不显著 [$F(1, 79)$ = 1.329, p=0.253 > 0.05],如图 5-8 所示。因此,H7 得到验证。

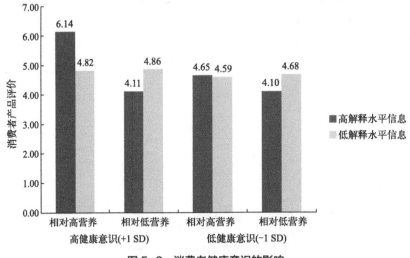

图 5-8 消费者健康意识的影响

4. 调节定向的调节作用检验

同样运用 Bootstraping 分析方法,采用模型 3,设定为 5000 次重复抽样,检验相对营养比较、企业沟通策略,以及调节定向三者交互对消费者决策的影响。检验结果表明,相对营养比较、企业沟通策略和调节定向三者之间交互作用显著 {B=-1.565,SE=0.416; t(415)=-3.764,p < 0.001;95% 置信区间(CI_{95})= [-2.383, -0.748],不包含 0}。同时,相对营养比较和企业沟通策略的交互对消费者产品评价的影响同样显著 {B=3.683,SE=0.665; t(415) = 5.535,p < 0.001;CI_{95}= [2.375, 4.991],不包含 0}。相对营养比较和调节定向之间 {B=1.934,SE=0.644; t(415)=3.004,p=0.003 < 0.05;CI_{95}= [0.668, 3.199],不包含 0},以及企业沟通策略和调节定向之间 {B=2.302,SE=0.660; t(415)=3.489,p=0.001 < 0.05;CI_{95}= [1.005, 3.599],不包含 0},同样表现出了显著的交互作用。

为了更好地理解调节定向的影响,本实验进一步分析了不同类型的调节定向对相对营养比较和企业沟通策略匹配的影响。结果表明,当消费者为防御定向时,相对营养比较和企业沟通策略的匹配对消费者产品评价的影响更大 [$F(1, 209)$=69.896,p < 0.001],在相对营养比较较高组,$M_{产品评价 - 高解释水平}$=

5.47＞$M_{产品评价-低解释水平}$=4.36；在相对营养比较较低组，$M_{产品评价-高解释水平}$=4.01＜$M_{产品评价-低解释水平}$=5.01。当消费者为促进定向时，相对营养比较和企业沟通策略的匹配对消费者产品评价的影响较小，边缘显著[$F(1, 206)$=2.850, p=0.093＜0.1]。在相对营养比较较高组，$M_{产品评价-高解释水平}$=5.24＞$M_{产品评价-低解释水平}$=4.87；在相对营养比较较低组，$M_{产品评价-高解释水平}$=4.15＜$M_{产品评价-低解释水平}$=4.33，如图 5-9 所示。因此，H8 得到验证。

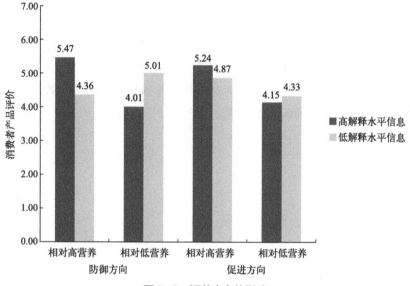

图 5-9　调节定向的影响

第五节
研究结论

本章主要从相对营养比较的视角，探讨了面对营养素含量不同的作物营养强化食品，企业采取何种有效的沟通策略能够影响消费者决策，促进消费者选择，提高消费者对于作物营养强化食品的购买意愿和产品评价。同时，探究了相对营养比较和企业沟通策略匹配对消费者决策影响的内在机制，以及消费者健康意识和调节定向的影响。本章一共通过三个实验证明，面对营养素含量不同的作物营养强化食品时，企业采取合适的沟通策略能够有效地促进消费者决策。

具体而言，当新推广的作物营养强化食品的相对营养比较较高时，企业采取抽象的、高解释水平的沟通信息更好；当新推广的作物营养强化食品的相对营养比较较低时，企业采取具体的、低解释水平的沟通信息更好。消费者健康意识和调节定向对相对营养比较和企业沟通策略的匹配具有一定的影响。相对于健康意识较低的消费者，当消费者健康意识较高时，相对营养比较和企业沟通策略的匹配效果更好，对消费者决策的影响更大。相对于促进定向的消费者，当消费者为防御定向时，相对营养比较和企业沟通策略的匹配效果更好，对消费者决策影响更大。当进行相对营养比较时，企业沟通策略和相对营养比较的匹配主要通过消费者感知到的独特效用影响消费者决策。当相对营养比较和企业沟通策略匹配时，即相对高营养匹配高解释水平的沟通信息，相对低营养匹配低解释水平的沟通信息时，消费者对作物营养强化食品的独特效用感知较大，对于作物营养强化食品的购买意愿更高、产品评价更好。

第六章
产品类型、主观知识对消费者购买意愿的影响研究

第一节
假设推导

一、营养强化产品类型对消费者购买意愿的影响

追求健康已成为现代社会的一种时尚，这种时尚不仅仅是吃"饱"，更强调吃"好"，即营养要素的均衡补充。当食物出现某种改变，并且这种改变稀少而有效时，人们对健康的目标追求都会被唤醒（Berlyne，1969；Pribram and Mcguinness，1975）。与普通食品相比，营养强化食品作为一种创新型食品，通过一些技术手段提高了食物中某些微量营养素的含量，帮助人们补充自身机体所需的微量营养素，而这种改变也在无形中唤醒了人们追求健康的目标。唤醒作为一种广义的激活状态往往会极化个体对于目标的反应（Gorn，Pham and Sin，2001），并且这种状态并不会马上消失，而是缓慢地减弱（Cantor，Zillmann and Bryant，1975）。因此，营养强化产品的出现会在一段时间内促使消费者采取更多追求健康的手段。与此同时，唤醒会在一定程度上降低个体处理问题的能力，使得个体更加关注那些更为重要的线索（Easterbrook，1959）。当个体追求健康的目标被启动后，消费者就会更加关注营养强化产品的强化方式，即生物强化技术与人工添加剂的使用。

相较于传统的加工食品而言，对于天然食品消费者会表现出更高的支付意愿（Mcfadden and Huffman，2017），即使是纯天然的食品标签，消费者也表现出更高的溢价（Menkhaus，Borden and Whipple，1992）。相较于通过食品强化技术，即人工后天加入锌补充剂而制成的富锌面粉，通过生物强化技术生产出富锌小麦，并以此为原材料研磨而成的富锌面粉会令消费者感觉更加天然，心理安全感更强，也会引起消费者更高的购买意愿。利用人工添加剂（硫化锌）对面粉进行锌元素的补充，会导致消费者更高的感知风险与心理不确定性，因此会导致消费者的购买意愿较低。已有研究表明，消费者对于食品的营养标签持有较为积极的态度（Van，Bosman and Ellis，2013），并且正面的营养信息有助于鼓励消费者对于营养食品的选择（Geiger，Wyse and Parent，1991；Scott and Worsley，1994）。根据2016年发布的《中国居民营养关注度大数据白皮书》，消费者对于"营养"的关注度一年超过33亿次，食品选择过程中的营养因素已

成为消费者选择食物的重要参考指标。因此与普通食品相比,富锌面粉在营养成分上存在很大的优势,即使采用食品强化技术手段,也会在一定程度上促进消费者对于营养产品的选择。

因此本书提出如下假设:

H9:相较于食物强化技术,生物强化技术生产的创新型营养强化食品会导致消费者更高的购买意愿。

H10:相较于普通食品而言,食品强化技术生产的创新型营养强化食品会导致消费者更高的购买意愿。

二、决策舒适度的中介作用

决策舒适度是指人们在制订决策时体验到的轻松或满足的感觉。与决策信心不同,决策舒适度是一种较为柔和的积极情感,指个体在对决策的优劣或预期结果非常不确定的时候仍然可以对该决策感到舒适(Parker, Lehmann and Xie, 2016)。根据情绪信息理论(feelings-as-information theory),心情或情绪会被个体作为一种信息来辅助判断,个体在进行评估或决策时,往往会依赖他当时的心情或情绪(Schwarz, Clore and Fiedler, 1988; Pham, 1998)。与普通面粉相比,通过营养强化技术生产的富锌面粉作为一种创新型农产品,消费者对其效果和影响会产生不确定的感觉,因此在消费者做出购买决策时更加依赖当时的情绪,即购买决策是否舒适、顺畅,消费者决策舒适度越高,消费者的购买意愿也就越高。因此本书提出如下假设:

H11:决策舒适度中介了营养强化技术与消费者购买意愿之间的关系,决策舒适度越高,消费者购买意愿越高。

三、消费者主观知识对购买意愿的影响

消费者知识在消费者行为领域是一个非常重要的概念,会显著影响消费者对于产品的信息搜集和处理活动,并最终影响消费者的购买决策和产品使用(Alba and Hutchinson, 1987)。消费者知识是消费者选择产品时可以依据的相关知识(Mitchell and Dacin, 1996),主要分为主观知识、客观知识,以及与产品类型相关的以往经验(Brucks, 1985)。客观知识主要指储存在消费者长期记忆中的与产品类别和信息有关的确切的知识,而主观知识更强调消费者对于自身知道或了解多少产品知识的感知。

与客观知识相比，主观知识对消费者认知产生的影响更大并在消费者的消费行为中发挥着重要的作用。主观知识比客观知识更能够影响消费者的决策（Brucks，1985），并且是消费者购买行为的重要影响动机（Selnes and Troye，1989），可以更好地对消费者购买决策的满意度进行预测（Raju，Lonial and Mangold，1995）。与此同时，产品经验与主观知识有着更多的关联（Park，Mothersbaugh and Feick，1994），在很大程度上会正向影响消费者对营养食品标签或信息的使用（Bialkova and Hcm，2011）。因此本研究认为，消费者对于微量营养素的主观知识越高，越容易促进消费者对营养强化产品的购买。提出如下假设：

H12：消费者主观知识调节了营养强化技术与消费者购买意愿之间的关系，消费者主观知识越高，购买意愿越强。

第二节
实证检验

一、数据收集

通过问卷调研方法获取数据，调研对象主要为北京、天津、河北、山西、山东等中国北方地区以面食为主，且具有面粉购买经历的消费者。共发放问卷 450 份，回收有效问卷 436 份，有效回收率 96.89%，其中女性 246 名，占比 56.4%。被试平均年龄 35.23 岁，标准差为 8.342，最小年龄 17 岁，最大年龄 67 岁。采用组间实验，自变量为营养强化技术类型，即富锌面粉的工艺类型（生物强化/食品强化/控制组），因变量为消费者对富锌面粉的购买意愿，中介变量为消费者决策舒适度。首先，要求被试阅读一段关于锌元素对人体健康的重要作用，以及锌缺乏会带来哪些不良影响的信息。然后是富锌面粉的产品信息，主要包括营养含量表、产品名称、配料、产地、净含量等信息，最后介绍了富锌面粉的生产加工过程。被试被随机分配到三种不同的情况下，阅读材料之后依次回答对面粉的购买意愿以及决策过程中的决策舒适度的程度，最后是基本的人口统计信息的收集。

富锌面粉的产品信息以及生产加工过程通过指导语和图片进行操控。在生物强化的条件下，告知被试富锌面粉的配料为天然富锌小麦，加工过程为直接研磨富锌小麦，同时通过图片生动地展现富锌面粉的加工过程。在食品强化的条件下，告知被试富锌面粉的配料为普通面粉加锌补充剂，加工过程为将普通小麦研磨成面粉之后，人工添加锌补充剂，从而制成富锌面粉，并配以富锌面粉的生产加工过程图。控制组条件下，直接告知被试小麦面粉以普通小麦为原料研磨而成，同时附有小麦面粉的生产加工过程。为了检验实验材料的有效性，在实验完成后测量消费者对于不同情境下富锌面粉的感知天然程度，通过直接询问被试"您认为这种富锌面粉的天然程度如何？"，采用利克特 7 级评分，分数越大表示消费者感知越天然。结果显示，$F(1, 286)=229.182$，$p < 0.001$，说明实验材料操纵成功。

二、变量测量

所有变量均采用利克特 7 级计分法度量。消费者购买意愿的测量参考 Shimp 和 Kavas（2004）的研究，询问被试"您多大程度上愿意购买这种富锌面粉"，1 表示非常不愿意，7 表示非常愿意。消费者决策舒适度的测量参考 Parker、Lehmann 和 Xie（2016）的研究，测量主要包括五个题项，例如"选择这种面粉让我觉得很舒服""不管这是否是最好的选择，我认为选择这种面粉是可以的"，1 表示完全不同意，7 表示完全同意（$\alpha=0.795$）。消费者主观知识的测量主要参考了 Christine Moorman、Kristin Diehl 和 Blair Kidwell（2004）的研究，测量主要包括三个题项，如"您对人体所需微量营养素的了解程度如何？""您对如何有效地补充人体所需微量营养素的方法了解程度如何？"，1 表示完全不了解，7 表示完全了解（$\alpha=0.899$）。

三、实验结果分析

1. 营养强化技术类型的影响检验

以富锌面粉的营养强化技术为自变量［食品强化（ZFP）=1，生物强化（ZBP）=2，控制组（control）=3］，年龄、性别、受教育程度、月均消费水平、居住地、婚姻状况，以及家中是否有 14 岁以下的小孩为协变量，消费者购买意愿为因变量进行回归分析。结果发现，富锌面粉的营养强化技术对消费者购买意愿的影响显著，$F(2, 426)=46.077$，$p < 0.001$，$\eta_p^2=0.178$，消费者对生物强化技术生产的富锌面粉的购买意愿显著大于食品强化技术生产的富锌面粉

(M_{ZBP}=5.507 > M_{ZFP}=4.296），因此 H9 得到支持。对消费者购买意愿进行两两成对比较，结果显示，相较于食品强化技术，消费者对普通小麦面粉有着更高的购买意愿（$M_{control}$=5.270 > M_{ZFP}=4.296，SD=0.129，$p < 0.001$），因此 H10 没有得到支持。消费者对生物强化技术生产的富锌面粉和普通小麦面粉的购买意愿没有显著差异（M_{ZBP}=5.507 > $M_{control}$=5.270，SD=0.235，p=0.069）。

2. 决策舒适度中介作用检验

运用 Bootstrapping 分析方法检验消费决策舒适度的中介作用。按照 Zhao（2010）等提出的中介分析程序，参照 Preacher 等（2007）和 Heyes（2013）提出的中介分析模型进行 Bootstrap 中介变量检验，在 95% 的置信区间下考察决策舒适度在富锌面粉工艺类型影响消费者购买意愿过程中的中介作用。将 Bootstrap 再抽样设定为 5000 次，运用多重类别检验，结果表明：决策舒适度对消费者购买的预测显著（B=0.855，SE=0.040，$p < 0.001$，CI_{95}=[0.777, 0.934]），决策舒适度在模型中的中介效应为 0.086，CI_{95}=[0.044, 0.140]，均不包括 0，且系数均为正，说明决策舒适度正向影响消费者购买意愿，决策舒适度越高，消费者购买意愿越强，如图 6-1 所示。因此中介效应显著，H11 得到支持。

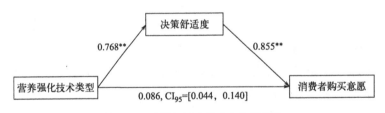

图 6-1 决策舒适度的中介作用检验

3. 消费者主观知识作用检验

运用一般线性回归检验消费者主观知识的调节作用。首先，重新对自变量营养强化技术进行虚拟变量编码，D'_1= 食品强化技术（ZFP）为 1，其他为 0；D'_2= 生物强化技术（ZBP）为 1，其他为 0。以营养强化技术为自变量，消费者购买意愿为因变量，消费者主观知识为调节变量，年龄、性别、受教育程度、月消费者水平、居住地、婚姻状况，以及家中是否有 14 岁以下的小孩为协变量放入回归模型进行分析，结果表明消费者主观知识对营养强化技术与消费者购买意愿之间关系的调节作用显著 [$F(12, 423)$=16.021，p_1=0.034，p_2=0.004]，消费者主观知识越高，消费者购买意愿越强烈（表 6-1）。因此，H12 得到支持。

表6-1 消费者主观知识作用检验

预测变量	消费者购买意愿			
	B	SE	t	Sig.
性别	0.020	0.105	0.191	0.849
年龄	−0.010	0.007	−1.343	0.180
受教育程度	−0.096	0.079	−1.214	0.225
月消费水平	0.243	0.056	4.331	0.000
居住地	0.439	0.253	1.731	0.084
婚姻状况	−0.338	0.201	−1.676	0.095
家中是否有14岁以下小孩	0.116	0.144	0.806	0.421
ZFP(D'_1)	−1.921	0.475	−4.047	0.000
ZBP(D'_2)	−1.286	0.520	−2.471	0.014
主观知识	0.042	0.075	0.557	0.578
主观知识×ZFB	0.213	0.100	2.131	0.034
主观知识×ZBP	0.310	0.107	2.9710	0.004
R^2	0.312			
$F(12, 423)$	16.021			

第三节
研究结论及讨论

一、研究结论

本研究主要探讨了营养强化技术对于消费者购买意愿的影响，通过实证研究，得出以下结论：

营养强化技术、主观知识都会影响消费者作物营养强化食品的支付意愿。不同类型的营养强化技术会影响消费者对作物营养强化食品的感知风险。具体而言，相对于生物强化技术，消费者对通过食品强化技术（人工添加剂）生产的作物营养强化食品的感知不确定性和感知风险更大，购买意愿较低。对于生物强化技术而言，由于消费者对技术的不了解，因此消费者对生物强化技术生产的营养强化食品和普通食品之间的购买意愿没有差异。在消费者进行购买决策时，决策舒适度起到了中介作用，消费者决策舒适度越高，消费者决策处理越顺畅，购买意愿越高。消费者知识在一定程度上调节了营养强化技术与消费者购买意愿之间的关系。消费者主观知识越多，消费者越容易理解作物营养强化技术的有关信息，越容易对营养强化食品产生偏好，从而具有较高的购买意愿。

二、研究讨论

营养与健康已经成为当今人人追求的时代主题，在关注健康的同时，大家更强调产品的天然、绿色与有机。但现有的研究更多地关注消费者对于高热量、高脂肪等食物的消费选择，对于天然、有机、绿色水果蔬菜的食物选择也是学者和消费者关注的重点。对于粮食作物的消费选择研究还非常少。但粮食作物又是每家每户每天必备的食品，并且在消费者认知过程中，大米、面粉等主粮食品的安全系数最高，而通过食用主食来改善消费者营养健康状况也是目前最为有效、成本最低的办法，因此了解消费者对于不同类型的粮食作物的选择显得尤为重要。

本研究的创新之处在于从消费者追求健康的角度出发，了解消费者对于不同类型的营养强化技术下生产的创新型农产品的选择偏好，以及不同营养强化技术与消费者购买意愿之间的作用机制，同时探讨了消费者自身特性对于购买意愿的影响，在理论上拓展了消费者对于食物选择的研究。在实践方面，消费者对生物强化技术生产的天然型营养强化产品表现出较高的购买意愿，对于食品强化技术生产的非天然型营养强化产品的购买意愿低于普通产品，因此在产品生产方面可以鼓励农户大胆选购生物强化的新型小麦种子，提高农户的种植积极性。同时，在产品推广时应注重加强对消费者的营养素以及营养补充效果的知识宣传，并强调产品的天然与绿色，从而提高消费者的购买意愿，在实践上为营养强化产品的推广提供一定的对策与建议。

第七章
消费者作物营养强化食品选择影响因素研究

第一节
理论基础与研究假设

健康信念模型（health belief model，HBM）是从个人因素的角度出发，通过评估预防行为的利益和可能导致的后果，进而分析个人信念对行为的影响（Carpentera，2010）。此模型主要用于预测人的预防性健康行为和实施健康教育，为了适应现代医学模式，健康信念模型的应用范围也由传统疾病相关的健康行为（乳腺癌检测、服药依从性等）扩展到大健康相关行为（体育锻炼、疫苗接种、生命质量等）（刘彩、王晓方和李莹，2020）。消费者作物营养强化食品选择研究不属于传统疾病研究范畴，但仍可被归类为健康相关行为，本研究在健康信念模型和已有研究的基础上，构建消费者作物营养强化食品选择模型，并通过结构方程模型进行验证，以期了解消费者个体的健康信念、行为的线索或意向以及行为的制约因素对购买意愿的影响路径及程度，为作物营养强化食品的推广提供理论依据。

传统的健康信念模型由感知障碍、感知易感性、感知严重性、感知益处和自我效能5个维度构成（Glanz，Rimer and Lewis，1997）。本研究在传统健康信念模型的基础上增加了健康意识作为第6个维度。①感知障碍（disturbance of perception）指个体参与特定行为的主观困难，本研究主要指消费者对作物营养强化食品的了解程度，消费者对作物营养强化食品的了解越少，在进行食品选择时的主观困难越大。②感知易感性（perception of susceptibility）是人们对自身是否处于或某些行为能否导致某种负面健康状态的主观判断，本研究将其定义为消费者对食用作物营养强化食品能否影响身体健康的主观判断。消费者对自身是否容易缺乏微量营养素的判断会正向影响消费者对于作物营养强化食品的选择。③感知严重性（perception of severity）指个人对某种健康问题主观上的严重性认知，本研究中具体指消费者对于微量营养素缺乏导致的营养健康问题的严重性认知。微量营养素缺乏作为导致慢性病的主要因素之一，消费者认识程度越深入，其作物营养强化食品的购买意愿越强。④感知益处（perception of benefit）是指个体对采取预防行为的有益认知，本研究则是指消费者对食用作物营养强化食品而获取的健康益处的有效认知，消费者感知越正面，其购买意愿越强。⑤自我效能（self-efficacy）指人们对自己能够成功实施某一行为的把握的主观判断，本研究中特指消费者对作物营养强化食品的自我把握能力。⑥健康意识（health consciousness）指消费者主观上对自身身体健康状况的重视程度和正确认识。健康意识高的消费者往往更愿意采取健康行为去改善或提高自己的健康状况，并且预防自身可能存在的健康隐患，因此其对健康食品具有更高的购买意愿（Gould，1988；Plank and Gould，1990；Michaelidou and Hassan，2010）。已有的研究表明，健康意识会影响消费者对有机食品、功能食品的购买态度和意愿（Vassallo，Saba and Arvola，2009；Hojjati，Yazdanpanah and Fourozani，2015）。并且许多研究也已通过实证得出健康意识作为影响消费者健康行为的因素之一，会对消费者食品决策具有显著影响（Mai and Hoffmann，2012）。

综上所述，本书提出如下假设：

H13：感知障碍负向影响消费者作物营养强化食品的购买意愿；

H14：感知易感性正向影响消费者作物营养强化食品的购买意愿；

H15：感知严重性正向影响消费者作物营养强化食品的购买意愿；

H16：感知益处正向影响消费者作物营养强化食品的购买意愿；

H17：自我效能正向影响消费者作物营养强化食品的购买意愿；

H18：健康意识正向影响消费者作物营养强化食品的购买意愿。

第二节
样本统计与变量描述

一、样本统计

根据研究框架设计调查问卷，并以线上形式开展问卷数据收集，共发放调查问卷 460 份，有效问卷 419 份，问卷回收率 91.07%。调查对象性别分布均衡，男性占比 50.12%，女性占比 49.88%；调查对象中城镇人口居多，占调查总体的 82.58%；调查对象年龄分布主要集中于 20～40 岁之间，占调查总体的 81.86%；调查总体中 61.58% 的调查对象是已婚人士，69.45% 的调查对象的家庭人口为 3～4 人；调查对象的受教育程度主要集中在专科学历，占调查总体的 82.34%；在家庭人均月净收入方面，调查对象主要集中在 3000 元以上，占调查总体的 62.05%，其次是 2000～3000 元，占调查总体的 25.30%（具体情况详见表 7-1）。

表7-1 调查对象基本情况统计

基本情况	分类	频次（n）	占比/%
性别	男	210	50.12
	女	209	49.88
户籍归属	农村	73	17.42
	城镇	346	82.58
年龄/岁	<20	43	10.26
	20~30	177	42.24
	30~40	166	39.62
	>40	33	7.88
婚姻状况	已婚	258	61.58
	未婚	161	38.42
家庭人口/人	1~2	39	9.31
	3~4	291	69.45
	5~6	72	17.18
	>6	17	4.06
受教育程度	小学及以下	5	1.19
	初高中	20	4.77
	专科	345	82.34
	本科及以上	49	11.70
家庭人均月净收入/元	<1000	10	2.39
	1000~2000	43	10.26
	2000~3000	106	25.30
	>3000	260	62.05

二、变量描述性统计

问卷的变量测量主要包括消费者感知障碍、感知易感性、感知严重性、感知益处、自我效能、健康意识和购买意愿7个变量，采用利克特7级量表，1表示非常不同意，7表示非常同意（具体统计结果见表7-2）。由于感知障碍、感知易感性、感知严重性、感知益处、自我效能、健康意识和购买意愿都是潜变量，无法直接观测，因此采用多题项的问卷形式进行度量。所有变量均是在前人成熟量表的基础上，结合消费者访谈，并根据研究内容设计而来的。其中，感知障碍、感知易感性、感知严重性、感知益处、自我效能、健康意识的测量题项主要参考了 Hojjati 等（2015）的研究，购买意愿的测量主要参考了 Sundar 和 Noseworthy（2016）的研究。

其中，消费者感知障碍和自我效能的得分均值分别为 4.003 和 5.646，自我效能相对要高于感知障碍，表明消费者并不排斥购买作物营养强化食品；感知易感性和感知严重性的得分均值分别为 4.416 和 5.383，表明消费者对微量营养素缺乏导致的营养健康问题有所了解；消费者感知益处的得分均值为 5.437，说明消费者对作物营养强化食品的整体态度较为正面，认为作物营养强化食品在一定程度上能够提高身体健康水平；消费者购买意愿的得分均值为 5.590，表明从整体上来看，消费者对作物营养强化食品的购买意愿较高。

表7-2 变量含义及描述性分析

潜变量	观测变量	均值	标准差
感知障碍1	食用作物营养强化食品/有机食品对我来说既费时又费钱	3.110	1.494
感知障碍2	食用作物营养强化食品/有机食品需要养成一个新的习惯，这是困难的	3.810	1.582
感知障碍3	对我来说很难辨别作物营养强化食品的好坏	5.090	1.499
感知易感性1	不食用作物营养强化食品，我将来很有可能会出现微量营养素缺乏的问题	4.080	1.542
感知易感性2	养成食用作物营养强化食品的习惯，可以减少我出现微量营养素缺乏症的可能	5.540	1.042
感知易感性3	不食用作物营养强化食品，我将来会表现得更差	3.630	1.454
感知严重性1	微量营养素缺乏问题会对我的生活质量产生严重的负面影响	5.210	1.441
感知严重性2	微量营养素缺乏导致的疾病将会长期影响我的生活	5.480	1.295
感知严重性3	微量营养素缺乏会对我的健康产生严重的负面影响	5.460	1.290
感知益处1	食用作物营养强化食品能够改善我的健康	5.320	1.093
感知益处2	食用作物营养强化食品能够降低我患病的风险	5.260	1.212
感知益处3	作物营养强化食品对我和我的家人健康更好	5.740	1.076
自我效能1	我有能力购买作物营养强化食品	5.560	1.284
自我效能2	食用作物营养强化食品在我的控制范围之内	5.480	1.154
自我效能3	我自己能够决定是否购买作物营养强化食品	5.900	1.313
健康意识1	我经常反思自己的健康状况	5.240	1.260
健康意识2	我很注意自己的健康状况	5.830	1.152
健康意识3	我对自己的健康状况保持警觉	5.240	1.193
购买意愿1	如果市场上有作物营养强化食品，我愿意购买	5.600	1.043
购买意愿2	我打算购买市面上有的作物营养强化食品	5.450	1.194
购买意愿3	我愿意购买并食用作物营养强化食品	5.720	1.081

三、相关性分析

根据相关性分析可知，感知易感性、感知严重性、感知益处、自我效能、健康意识与消费者购买意愿均有显著的正相关关系。健康意识与健康信念模型的五个维度之间也存在显著的相关关系（具体结果见表7-3）。

表7-3 相关性分析

变量	感知障碍	感知易感性	感知严重性	感知益处	自我效能	健康意识	购买意愿
感知障碍	1						
感知易感性	−0.292***	1					
感知严重性	−0.232***	0.407***	1				
感知益处	−0.397***	0.586***	0.340***	1			
自我效能	−0.386***	0.373***	0.343***	0.423***	1		
健康意识	−0.246***	0.321***	0.247***	0.397***	0.419***	1	
购买意愿	−0.437***	0.546***	0.368***	0.627***	0.512***	0.456***	1

注：***、**、*分别表示在1%、5%和10%的统计水平上显著。

第三节
假设检验与结果分析

一、模型有效性检验

为保证研究结果的有效性，对调查数据进行信效度检验。根据变量的信度分析与效度检验结果（表7-4），总体克龙巴赫 α 系数为0.727，单个潜变量克龙巴赫 α 系数在0.672~0.809之间，表示量表信度达到可接受水平。因子分析结果表明，模型中各观测变量的标准因子载荷系数均大于0.5，表明各变量有较好的收敛效度。同时总体 KMO 检验值大于0.8，各潜变量的 KMO 值均大于0.6，总体巴特利特（Bartlett）球形检验的自由度为153，$p < 0.001$ 表明适合进行因子分析。模型整体适配度检验结果显示（表7-5），各指标值均符合建议值的标准，模型的整体适配度较好，研究模型得到了支持。

表7-4 变量信度分析与效度检验

潜变量	题项	标准因子载荷系数	克龙巴赫 α 系数	KMO	显著性
感知障碍	X11	0.648	0.744	0.644	0.000
	X12	0.852			
	X13	0.628			
感知易感性	X21	0.754	0.736	0.620	0.000
	X22	0.668			
	X23	0.687			
感知严重性	X31	0.763	0.809	0.715	0.000
	X32	0.781			
	X33	0.759			
感知益处	X41	0.789	0.761	0.693	0.000
	X42	0.682			
	X43	0.686			
自我效能	X51	0.759	0.732	0.664	0.000
	X52	0.771			
	X53	0.562			
健康意识	X61	0.635	0.672	0.607	0.000
	X62	0.799			
	X63	0.532			
购买意愿	Y1	0.870	0.870	0.737	0.000
	Y2	0.804			
	Y3	0.827			

表7-5 模型整体适配度检验

拟合指标	拟合指标	含义	适配标准或建议值	模型估计值	拟合结果
绝对拟合指标	CMIN/DF	χ^2 自由度比	< 3.0	2.190	优
	RMSEA	近似误差均方根	< 0.05 拟合良好，< 0.08 拟合合理	0.053	合理
	GFI	拟合优度指数	> 0.9 为优，> 0.8 可接受	0.921	优
	AGFI	调整后的拟合优度指数	> 0.9 为优，> 0.8 可接受	0.891	可接受
	PGFI	简约适配度指数	> 0.5 可接受	0.670	可接受
相对拟合指标	NFI	规范拟合指数	> 0.9 为优，> 0.8 可接受	0.902	优
	IFI	增量拟合指数	> 0.9 为优，> 0.8 可接受	0.944	优
	TLI	塔克-刘易斯指数	> 0.9 为优，> 0.8 可接受	0.929	优
	CFI	比较拟合指数	> 0.9 为优，> 0.8 可接受	0.944	优

二、结构方程模型估计结果

首先构建结构方程初始模型（图7-1）。研究模型共包括消费者感知障碍、感知易感性、感知严重性、感知益处、自我效能、健康意识6个潜变量，主要探究该六个影响因素对消费者作物营养强化食品购买意愿的影响。

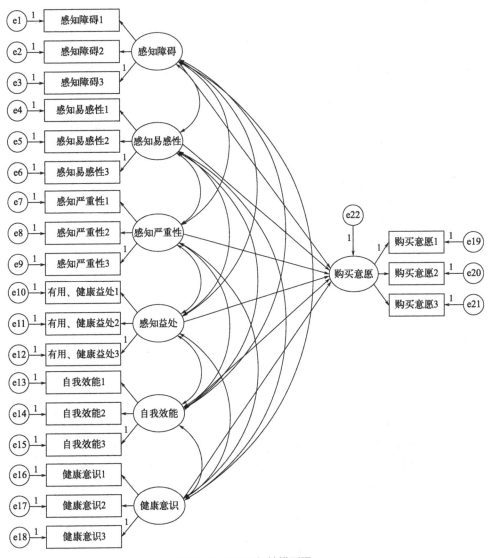

图7-1　SEM初始模型图

在建立完结构方程模型（SEM）之后，为了预先确定模型中潜变量与各观测变量之间的关系，在模型的初始构建中结合了上述诸多假设和相关考虑因素的概念模型，以便为进一步的实证验证奠定基础。利用 AMOS 执行计算，得到如下结构（图 7-2）。

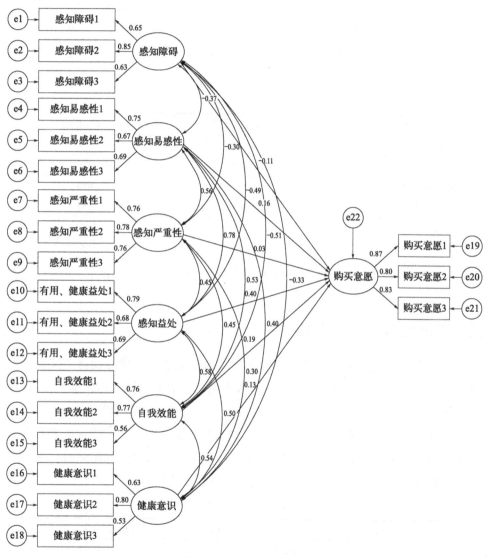

图 7-2　SEM 模型路径图

根据路径分析结果可知，消费者感知障碍（$\beta=-0.11$，$p=0.042 < 0.05$）对作物营养强化食品购买意愿具有显著的负向影响，因此 H13 得到验证。消费者

感知益处（$\beta=0.4$，$p<0.01$）对作物营养强化食品购买意愿具有显著的正向影响，因此 H16 得到验证。消费者自我效能（$\beta=0.189$，$p<0.01$）对作物营养强化食品购买意愿具有显著的正向影响，因此 H17 得到验证。消费者健康意识（$\beta=0.133$，$p=0.022<0.05$）对作物营养强化食品购买意愿具有显著的正向影响，因此 H18 得到验证。消费者感知易感性（$\beta=0.163$，$p=0.096<0.1$）对作物营养强化食品购买意愿具有显著的正向影响，因此 H14 得到验证。感知严重性（$\beta=0.027$，$p=0.613>0.1$）对作物营养强化食品购买意愿的影响不显著，因此 H15 未得到验证（具体结果见表 7-6）。

表 7-6 研究假设检验结果

研究假设	标准化路径系数	接受/拒绝
感知障碍→购买意愿	−0.11**	接受
感知易感性→购买意愿	0.163*	接受
感知严重性→购买意愿	0.027	拒绝
感知益处→购买意愿	0.400***	接受
自我效能→购买意愿	0.189***	接受
健康意识→购买意愿	0.133**	接受

注：→表示路径关系，***、**、*分别表示在1%、5%和10%的统计水平上显著。

三、不同类型消费特质的影响

为了明晰不同类型消费者之间的差异，本研究进一步详细探讨了性别、户籍、婚姻状况、年龄、学历、家庭年收入方面的差异对感知障碍、感知易感性、感知严重性、感知益处、自我效能、健康意识和购买意愿的影响。

在性别方面，根据独立样本 t 检验结果可知（表 7-7），不同性别的消费者在健康意识上差异显著，男性显著高于女性，说明男性对自身身体健康状况的重视程度和正确认识高于女性。在其他变量上没有显著差异。

表 7-7 不同性别的独立样本 t 检验结果

变量	性别	均值	标准差	t 值	P 值
感知障碍	男	3.919	1.302	−1.380	0.168
	女	4.086	1.173		
感知易感性	男	4.498	1.076	1.504	0.133
	女	4.337	1.126		

续表

变量	性别	均值	标准差	t值	P值
感知严重性	男	5.459	1.081	1.381	0.168
	女	5.305	1.201		
感知益处	男	5.516	0.909	1.664	0.097
	女	5.365	0.943		
自我效能	男	5.732	0.973	1.762	0.079
	女	5.558	1.043		
健康意识	男	5.552	0.867	2.538	0.012
	女	5.322	0.986		
购买意愿	男	5.664	1.000	1.558	0.120
	女	5.514	0.969		

在户籍方面，户籍归属对所有变量均有显著差异（表7-8）。在感知障碍方面，城镇人口显著高于农村人口，而在其他变量中，农村人口显著高于城镇人口，说明来自农村的消费者更加注重健康饮食带来的益处，购买意愿更强。

表7-8 不同户籍归属的独立样本t检验结果

变量	户籍归属	均值	标准差	t值	P值
感知障碍	农村	3.903	1.255	-4.069	0.000
	城镇	4.475	1.054		
感知易感性	农村	4.512	1.118	4.398	0.000
	城镇	3.973	0.912		
感知严重性	农村	5.463	1.088	2.835	0.006
	城镇	4.995	1.319		
感知益处	农村	5.527	0.892	4.223	0.000
	城镇	5.032	0.991		
自我效能	农村	5.794	0.902	5.771	0.000
	城镇	4.941	1.193		
健康意识	农村	5.514	0.924	3.676	0.000
	城镇	5.078	0.905		
购买意愿	农村	5.719	0.927	6.121	0.000
	城镇	4.973	1.035		

在婚姻状况方面，婚姻状况对所有变量均有显著性差异（表7-9）。在感知障碍方面未婚高于已婚，而在其他变量上已婚高于未婚，究其原因不难发现，已婚人士更注重健康的消费行为对自身以及家人带来的影响，因而在健康食品选择方面购买意愿更强。

表7-9 不同婚姻状况的独立样本 t 检验结果

变量	婚姻状况	均值	标准差	t 值	P 值
感知障碍	已婚	3.831	1.315	-3.821	0.000
	未婚	4.277	1.059		
感知易感性	已婚	4.584	1.134	4.093	0.000
	未婚	4.151	0.999		
感知严重性	已婚	5.495	1.052	2.473	0.014
	未婚	5.201	1.259		
感知益处	已婚	5.607	0.901	4.767	0.000
	未婚	5.174	0.912		
自我效能	已婚	5.879	0.833	5.811	0.000
	未婚	5.271	1.151		
健康意识	已婚	5.646	0.789	5.648	0.000
	未婚	5.104	1.047		
购买意愿	已婚	5.813	0.913	6.133	0.000
	未婚	5.229	0.997		

在年龄方面，年龄越小的消费者感知障碍越强，年龄越大的消费者在自我效能、健康意识、购买愿意方面越高。年龄对感知易感性和感知严重性的影响不显著。说明年龄较小的消费者还没有意识到健康饮食的益处，但是随着年龄的增大，消费者逐渐开始重视自身的身体健康状况（具体结果见表7-10）。

表7-10 不同年龄层的方差分析结果

变量	年龄	均值	标准差	F 值	P 值
感知障碍	<20	4.660	1.015	7.476	0.000
	20~30	4.087	1.135		
	30~40	3.847	1.287		
	>40	3.476	1.448		
	总数	4.003	1.241		

续表

变量	年龄	均值	标准差	F 值	P 值
感知易感性	＜20	4.069	0.990	2.038	0.108
	20～30	4.394	1.087		
	30～40	4.500	1.115		
	＞40	4.586	1.214		
	总数	4.418	1.103		
感知严重性	＜20	5.124	1.478	1.616	0.185
	20～30	5.337	1.120		
	30～40	5.442	1.039		
	＞40	5.656	1.243		
	总数	5.382	1.143		
感知益处	＜20	5.233	0.860	2.107	0.099
	20～30	5.367	0.941		
	30～40	5.538	0.905		
	＞40	5.616	1.015		
	总数	5.441	0.928		
自我效能	＜20	4.736	1.327	16.738	0.000
	20～30	5.655	0.950		
	30～40	5.773	0.885		
	＞40	6.132	0.772		
	总数	5.645	1.011		
健康意识	＜20	4.551	1.036	20.219	0.000
	20～30	5.4220	0.946		
	30～40	5.578	0.794		
	＞40	5.970	0.609		
	总数	5.438	0.934		
购买意愿	＜20	4.907	1.053	10.966	0.000
	20～30	5.525	0.947		
	30～40	5.761	0.932		
	＞40	5.949	0.955		
	总数	5.589	0.987		

在受教育程度方面,受教育程度对所有变量的影响均无显著性差异(表7-11)。说明健康饮食行为是社会公众普遍关注的行为,受教育程度的影响不大。

表7-11 不同受教育程度的方差分析结果

变量	受教育程度	均值	标准差	F值	P值
感知障碍	小学及以下	4.867	1.609	1.018	0.384
	初高中	4.150	1.387		
	专科	3.972	1.250		
	本科及以上	4.068	1.063		
	总数	4.002	1.240		
感知易感性	小学及以下	4.467	1.626	0.348	0.791
	初高中	4.617	1.272		
	专科	4.419	1.099		
	本科及以上	4.320	1.025		
	总数	4.418	1.103		
感知严重性	小学及以下	5.133	2.305	0.558	0.643
	初高中	5.100	1.495		
	专科	5.391	1.114		
	本科及以上	5.456	1.062		
	总数	5.382	1.144		
感知益处	小学及以下	4.800	0.960	1.079	0.358
	初高中	5.617	0.938		
	专科	5.446	0.933		
	本科及以上	5.395	0.886		
	总数	5.440	0.928		
自我效能	小学及以下	5.333	1.225	1.430	0.233
	初高中	5.333	1.422		
	专科	5.640	1.001		
	本科及以上	5.844	0.834		
	总数	5.645	1.011		
健康意识	小学及以下	4.533	1.070	1.737	0.159
	初高中	5.517	1.000		
	专科	5.435	0.913		
	本科及以上	5.517	1.021		
	总数	5.438	0.934		

续表

变量	受教育程度	均值	标准差	F值	P值
购买意愿	小学及以下	5.467	1.070	0.187	0.905
	初高中	5.467	1.512		
	专科	5.604	0.965		
	本科及以上	5.544	0.892		
	总数	5.589	0.987		

在家庭收入方面，不同收入水平对感知障碍、自我效能和购买意愿的影响差异显著。较低的收入将阻碍消费者对作物营养强化食品选择的积极性，较高的收入使消费者有能力选择更加健康的饮食习惯。除此之外，收入水平对感知益处和健康意识也有显著影响，其中家庭人均月收入在1000~2000区间的消费者对健康食品有益性的认知和对身体健康的正确认知较低（具体结果见表7-12）。

表7-12 不同家庭收入的方差分析结果

变量	家庭人均月收入	均值	标准差	F值	P值
感知障碍	＜1000	4.367	1.42682	4.008	0.008
	1000~2000	4.364	.93948		
	2000~3000	4.211	1.18485		
	＞3000	3.844	1.27726		
	总数	4.002	1.24070		
感知易感性	＜1000	4.000	.98131	2.148	0.094
	1000~2000	4.078	1.13351		
	2000~3000	4.494	1.10433		
	＞3000	4.459	1.09424		
	总数	4.418	1.10304		
感知严重性	＜1000	5.033	1.291	1.609	0.187
	1000~2000	5.256	1.219		
	2000~3000	5.239	1.096		
	＞3000	5.474	1.140		
	总数	5.382	1.144		

续表

变量	家庭人均月收入	均值	标准差	F 值	P 值
感知益处	<1000	5.067	1.235	6.425	0.000
	1000~2000	4.992	0.904		
	2000~3000	5.330	0.994		
	>3000	5.574	0.862		
	总数	5.441	0.928		
自我效能	<1000	4.767	1.267	17.993	0.000
	1000~2000	4.822	1.211		
	2000~3000	5.550	1.014		
	>3000	5.854	0.865		
	总数	5.645	1.011		
健康意识	<1000	5.667	0.969	7.489	0.000
	1000~2000	4.907	0.938		
	2000~3000	5.311	0.913		
	>3000	5.568	0.907		
	总数	5.438	0.934		
购买意愿	<1000	5.167	1.091	3.219	0.023
	1000~2000	5.287	0.972		
	2000~3000	5.500	0.882		
	>3000	5.691	1.013		
	总数	5.589	0.987		

第四节 结论与启示

一、研究结论

本研究证实了拓展的健康信念模型对我国居民作物营养强化食品选择意愿具有较强的解释和预测能力。研究结果表明，①消费者对作物营养强化食品的认知会显著影响其食品选择。当消费者意识到选择作物营养强化食品能带来更多的益处，并且选择作物营养强化食品的困难较小时，消费者的购买意愿会更强烈。②消费者自我效能、感知易感性和健康意识对作物营养强化食品选择影响显著。当消费者相信自己有能力采取更加健康的饮食习惯，并且消费者对自身的健康问题越关注时，越倾向于选择营养健康食品。③消费者对微量营养素缺乏导致的营养健康问题认识不足。分析结果表明，感知严重性对消费者作物营养强化食品购买意愿的影响不显著。说明我国居民对由微量营养素缺乏导致的身体疾病的认识存在偏差，认为微量营养素缺乏不会导致严重的身体疾病，而这也正是导致越来越多的人罹患慢性病的原因之一。

二、研究启示

当下慢性病是影响我国居民身体健康的主要问题，而导致慢性病的主要因素正是微量营养素缺乏。因此，充分认识微量营养素缺乏导致的疾病危害，提高我国居民身体微量营养素含量，是当下急需引起社会重视的问题。为此，提出如下建议：

在消费者认知方面，首先要使我国居民对微量营养素缺乏导致的身体健康问题有一个明确的认识，重视由微量营养素缺乏可能导致的潜在身体疾病。其次，做好作物营养强化相关的知识科普，充分利用大众媒体，特别是互联网媒体、社交媒体、自媒体等新媒体进行广泛宣传，提高社会公众对作物营养强化食品的认知。最后，在开展信息宣传的同时，不断加强消费者健康意识的培养，例如可以采取公益讲座、校园宣传等方式，向不同年龄层、不同教育背景的人普及健康知识，提高其健康意识。

除此之外，加强作物营养强化食品市场建设也尤为重要。一方面要加强作物营养强化食品新零售渠道建设，拓宽销售渠道，促进渠道整合与多元化发展，满足居民消费需要。包括发展电子商务、网络生鲜配送、提供健康食品的大型生鲜超市和社区便利店等措施在内的线上线下渠道融合建设，完善作物营养强化食品供应链，提高作物营养强化食品的供应广度，客观上帮助消除部分消费者的选择障碍，降低消费者对作物营养强化食品选择的感知障碍。另一方面，明确作物营养强化食品的市场规范，加强作物营养强化食品市场监管，保证食品质量安全。同时不断建立健全作物营养强化食品相关的政策法规，开展作物营养强化食品安全认证工作，促进消费者对作物营养强化食品的选择，进一步帮助消费者认识和识别作物营养强化食品，降低消费者感知障碍。

第八章
消费者对营养强化食品偏好与支付意愿研究

第一节
实验设计

一、营养强化食品属性及层次水平确定

本书以"富铁大米"为例，通过选择实验探究消费者对富铁大米不同属性及层次水平的偏好和支付意愿。为了更好地测度消费者对于富铁大米属性及层次水平的偏好和支付意愿，本书在梳理已有研究的基础上，结合消费者访谈及专家小组讨论，最终确定了营养强化技术手段、安全认证、营养素含量等5个属性及不同的层次水平，从而构建富铁大米的不同属性组合。

具体而言，由于现在关于营养强化干预的技术手段主要有三种：第一，农艺强化，通过传统育种等手段增加作物中微量营养素含量；第二，基因工程，即通过基因技术手段增加作物中微量营养素含量；第三，食物强化手段，即通过直接添加微量营养素补充剂的手段提高主粮中微量营养素的含量。因此，在营养强化技术方式的属性设定方面，本书将其设定为3个层次：传统育种技术（BIOFOR1）、基因工程技术（BIOFOR2）和食物强化技术（BIOFOR3）。在安全认证属性方面，本书在整理市场上已有的食品安全认证系统的基础上，经过专家讨论及消费者访谈，最终将安全认证属性设定为4个层次，即行业安全认证（SC1）、国家安全认证（SC2）、国际安全认证（SC3）和无认证（NOSC）。在微量营养素含量属性方面，本书根据富铁大米的定义，在总结整理国内外已经成功培育生产出的富铁大米中铁营养素含量水平的基础上，最终将微量营养素含量属性设定为3个层次：2倍营养素含量（6mg/kg）（NUTRITION1）、3倍营养素含量（9mg/kg）（NUTRITION2）和6倍营养素含量（18mg/kg）（NUTRITION3）。第四个属性为富铁认证，分为有富铁认证标识（LOGO）和无富铁认证标识（NOLOGO）2个层次。最后，在价格属性的设定上，本书通过了解市场上普通大米、有机大米、富硒大米的平均价格，以及已经存在但没有进行大规模市场推广的富铁大米的参考价格，并经专家讨论及消费者访谈，最终将富铁大米的价格属性设定为4个水平：3元/斤、6元/斤、12元/斤和18元/斤。具体的属性及层次水平设定见表8-1所示。

表8-1 富铁大米属性及其层次水平设定

属性	层次	描述
营养强化技术手段	传统育种（BIOFOR1）	通过传统的育种技术、基因工程技术提高水稻中铁元素的含量，从而生产出富铁大米；或直接向普通大米中添加乳酸亚铁补充剂，以提高大米中铁元素的含量，从而获得富铁大米
	基因工程（BIOFOR2）	
	食物强化（BIOFOR3）	
安全认证	行业安全认证（SC1）	食品安全认证是指第三方依据程序对食品、生产过程及服务符合规定的要求给予保证。 行业安全认证是指由水稻行业对大米及大米制品的食品安全给予的保证； 国家安全认证是指国家食品安全监管部门对食品的安全给予的保证（例如QS认证系统）； 国际安全认证是指由国际的第三方机构对食品安全性给予的保证（例如美国的HACCP认证系统、欧盟的IFS认证系统）
	国家安全认证（SC2）	
	国际安全认证（SC3）	
	无认证（NOSC）	
微量营养素含量	2倍营养素含量（6mg/kg）（NUTRITION1）	每千克大米中含有的铁营养素的含量（mg/kg）
	3倍营养素含量（9mg/kg）（NUTRITION2）	
	6倍营养素含量（18mg/kg）（NUTRITION3）	
富铁认证	有富铁认证标识（LOGO）	经过中国营养学会认证，国家市场监督管理总局批准使用的富铁标识认证
	无富铁认证标识（NOLOGO）	
价格	3元	一斤（500g）富铁大米的价格
	6元	
	12元	
	18元	

二、实验选择集

根据富铁大米属性及层次水平的选择，利用全因子设计（full factorial design）将产生3×4×3×2×4=288种富铁大米的轮廓，消费者需要在288×287×286=23,639,616个选择集中做出选择。但这在真实的实验中是不可能实现的，不可能让消费者在所有的富铁大米轮廓中进行选择，否则会严重影响数据收集的质量（Allenby and Rossi，1998）。因此本书采用部分因子设计（fractional factorial design），运用Sawtooth的SSI Web7.0软件，随机生成一个拥有8个选择集的问卷，问卷中每个选择集包括四个选项。其中三个选项为由不同属性和水平构成的富铁大米选项，以及一个“三种都不购买”选项。“三种都不购买”选项的设计更加符合真实的购买情境，能够有效地提高数据的真实性，呈现消费者对产品的真实偏好和支付意愿（全世文，2016；Lusk and Schroeder，2004）。具体的选择实验任务样例见图 8-1。

项目	大米A	大米B	大米C	
营养强化手段	基因工程	传统育种	基因工程	三种都不购买
安全认证	—	国际	行业	
“铁”营养素含量	3倍含量 (9mg/kg)	2倍含量 (6mg/kg)	6倍含量 (18mg/kg)	
富铁食品认证	—	CFRF® CHINA FE-RICH FOOD 中国富铁食品标志产品	—	
价格 (一斤)	18元	12元	6元	
选项	○	○	○	○

图 8-1 富铁大米选择实验任务样例

三、样本描述性统计

本次实验共招募了 835 名有效被试。被试中男性共 361 名，占被试总人数的 43.2%，女性 474 名占被试总数的 56.8%。被试的年龄主要集中在 25～35 岁，共 421 名，占总人数的 50.4%。在被试的受教育程度方面，主要集中在本科学历，被试人数为 511 名，占比 61.2%。被试职业主要以公司职员为主，共 542 名，占被试总人数的 64.9%。在家庭平均月收入方面，主要集中在 7000（含）～10000 元和 10000（含）～15000 元，被试分别为 166 名（19.9%）和 203 名（24.3%）。在家庭平均月消费方面，主要集中在 2000（含）～3000 元和 3000（含）～5000 元，各有 207 名和 283 名被试，分别占被试总人数的 24.8% 和 33.9%。被试的家庭成员总数集中于 3 人，共 382 名，占被试总人数的 45.7%。被试家中有未成年小孩的人数为 526 名，占比 63.0%，家中没有未成年小孩的人数为 309 名，占比 37.0%。具体情况见表 8-2。

表8-2 有效样本基本信息统计

项目	基本情况	频次(n)	有效百分比/%	总数(N)
性别	男	361	43.2	835
	女	474	56.8	
年龄	25岁及以下	265	31.7	835
	25～35岁	421	50.4	
	35～45岁	113	13.5	
	45～55岁	28	3.4	
	55岁以上	8	1.0	
受教育程度	没上过学	1	0.1	835
	小学	2	0.2	
	初中	13	1.6	
	高中或中专	77	9.2	
	专科	158	18.9	
	本科	511	61.2	
	研究生及以上	73	8.7	
职业	公司职员	542	64.9	835
	个体工商户	75	9.0	
	老师、公务员	142	17.0	
	农民	13	1.6	
	其他（医生、技术员等）	63	7.5	
家庭平均月收入	3000元以下	31	3.7	835
	3000（含）～5000元	121	14.5	
	5000（含）～7000元	153	18.3	
	7000（含）～10000元	166	19.9	
	10000（含）～15000元	203	24.3	
	15000（含）元以上	161	19.3	
家庭平均月消费	1000元以下	23	2.8	835
	1000（含）～2000元	107	12.8	
	2000（含）～3000元	207	24.8	
	3000（含）～5000元	283	33.9	
	5000（含）～10000元	183	21.9	
	10000（含）元以上	32	3.8	

续表

项目	基本情况	频次（n）	有效百分比/%	总数（N）
家庭成员	1人	22	2.6	835
	2人	78	9.3	
	3人	382	45.7	
	4人	200	24.0	
	5人	101	12.1	
	6人及以上	52	6.2	
家中是否有未成年小孩	无	309	37.0	835
	有	526	63.0	

第二节 模型的构建与变量赋值

一、模型构建

在本书中，富铁大米可视为一系列营养强化属性的组合（如营养强化技术手段、安全认证、营养素含量、富铁标识、价格）。在随机效用框架下，假设消费者的行为是理性的，消费者将在其预算约束下选择效用最大化的富铁大米产品。因为效用是随机的，更准确的表达是，选择概率最大的富铁大米产品是使消费者可获得最大效用的富铁大米产品。

根据 Lancaster（1966）的随机效用理论，假设 U_{nit} 是消费者 n 在 t 选择情景下从选择空间 C 的 J 子集中选择第 i 个富铁大米产品所获得的效用，U_{nit} 由确定项 V_{nit} 和随机项 ε_{nit} 构成：

$$U_{nit} = V_{nit} + \varepsilon_{nit} \tag{8-1}$$

消费者 n 会选择第 i 个富铁大米产品是因为 $U_{nit} > U_{njt}$ 对 $\forall j \neq i$ 成立。选择概率可表示为：

$$P_{nit} = Prob(V_{nit} + \varepsilon_{nit} > V_{njt} + \varepsilon_{njt}; \forall j \in C, \forall j \neq i) \tag{8-2}$$

$$= Prob(\varepsilon_{nit} - \varepsilon_{njt} > V_{njt} - V_{nit}; \forall j \in C, \forall j \neq i) \tag{8-3}$$

根据 Maddala（1997），当残差项 ε_{nit} 是服从类型 I 的独立同分布（IID），且

不相关独立选择（IIA）假设成立时，即：

$$F(\varepsilon_{nit}) = \exp[-\exp(-\varepsilon_{nit})] \tag{8-4}$$

此时，模型为条件Logit模型，消费者n在t情形下购买第i个富铁大米产品的概率可表示为：

$$P_{nit} = \frac{\exp(V_{nit})}{\sum_j \exp(V_{njt})} \tag{8-5}$$

其中：$V_{nit} = \boldsymbol{\beta}'_n \boldsymbol{X}_{nit}$。$\boldsymbol{\beta}'_n$是消费者$n$的偏好参数向量；$\boldsymbol{X}_{nit}$是第$i$个富铁大米产品的属性向量。

条件Logit模型可以直接使用最大似然估计进行估计（McFadden，1972）。然而，不相关独立选择（IIA）假设可能具有限制性，因为它意味着在任何两种替代品之间进行选择的相对概率不受其他替代品的存在或特征的影响。此外，在实践中，不相关独立选择假设往往并不成立，原因在于消费者同性质偏好假设可能与经验事实不符，即消费者偏好存在异质性。因此，消费者同质性的假设会导致偏误。

假设各属性的层次系数并不是固定的，而是根据样本个体的一组参数决定的，服从某种特定的分布，并设$f(\beta)$为参数分布的密度函数。消费者n在t情形下购买第i个富铁大米产品轮廓的概率可表示为：

$$P_{nit} = \int \frac{\exp(V_{nit})}{\sum_j \exp(V_{njt})} f(\beta) \mathrm{d}\beta \tag{8-6}$$

此模型称为混合Logit模型。可定义随机参数的分布服从$f(\cdot)$，若参数β为固定值β_c，分布就不成立，比如$\beta = \beta_c$，$f(\beta_c) = 1$，否则$f(\beta) = 0$。

混合Logit被认为是研究消费者行为决策时偏好异质性较为合适的方法。McFadden and Train（2000）曾提出，可用混合Logit模型模拟任何随机效用模型，对需要同一个受访者做出多次重复的选择时尤为有效，选择实验即是如此。

若上述$f(\beta)$为离散的，则（8-6）式进一步转化为潜类别模型。潜类别模型可用于测定消费者偏好的异质性，偏好相同或相似的消费者落入同一个类别。假设有S个潜类别，则消费者n落入第s个类别并选择第i个富铁大米产品轮廓的概率可表示为：

$$P_{nit} = \sum_{s=1}^{S} \frac{\exp(\boldsymbol{\beta}_s X_{nit})}{\sum_j \exp(\boldsymbol{\beta}_s X_{njt})} R_{ns} \tag{8-7}$$

其中，$\boldsymbol{\beta}_s$是第s个类别消费者的参数向量，R_{ns}是消费者n落入第s个类别的概率。此概率可表示为：

$$R_{ns} = \frac{\exp(\alpha_s Z_n)}{\sum_r \exp(\alpha_r Z_n)} \qquad (8\text{-}8)$$

其中，r 为第 r 个潜类别，Z_n 是影响某一类别中消费者 n 的一系列观测值，α_s 是在第 s 个类别中消费者的参数向量。

二、变量赋值

本书中，富铁大米基本属性及水平的赋值采用虚拟变量赋值方式，具体赋值情况详见表8-3。消费者个人特质，健康意识和调节定向的赋值情况详见表8-4。

表8-3　富铁大米属性层次赋值

属性	层次	赋值
营养强化技术手段	传统育种（BIOFOR1）	BIOFOR1=1；BIOFOR2=0；BIOFOR3=0
	基因工程（BIOFOR2）	BIOFOR1=0；BIOFOR2=1；BIOFOR3=0
	食物强化（BIOFOR3）	BIOFOR1=0；BIOFOR2=0；BIOFOR3=1
安全认证	行业安全认证（SC1）	SC1=1；SC2=0；SC3=0
	国家安全认证（SC2）	SC1=0；SC2=1；SC3=0
	国际安全认证（SC3）	SC1=0；SC2=0；SC3=1
	无（NOSC）	SC1=0；SC2=0；SC3=0
微量营养素含量	2倍营养素含量（6mg/kg）（NUTRITION1）	NUTRITION1=1；NUTRITION2=0；NUTRITION3=0
	3倍营养素含量（9mg/kg）（NUTRITION2）	NUTRITION1=0；NUTRITION2=1；NUTRITION3=0
	6倍营养素含量（18mg/kg）（NUTRITION3）	NUTRITION1=0；NUTRITION2=0；NUTRITION3=1
富铁认证	有富铁认证标识（LOGO）	LOGO=1
	无富铁认证标识（NOLOGO）	NOLOGO=0
价格	3元	PRICE=3；PRICE=6；PRICE=12；PRICE=18
	6元	
	12元	
	18元	

表8-4　消费者特征赋值

变量	变量的定义与赋值	均值	标准差
健康意识（health consciousness，HC）	消费者对于对自身健康的关注程度	5.808	0.823
调节定向（regulatory focus，RF）	防御定向=1；促进定向=0	0.449	0.497

第三节　消费者支付意愿测度模型估计结果及分析

一、Mixed Logit 模型参数估计结果

本书采用 NLOGIT 5.0 对富铁大米不同属性和层次水平进行 Mixed Logit 模型参数估计。表 8-5 为富铁大米各个属性和层次水平的主效应参数估计结果。表 8-6 在模型 1 主效应的基础上，引入消费者个人特质，即健康意识和调节定向与富铁大米各个属性及层次水平的交叉项，用以观察消费者个人基本特质对富铁大米各个属性及层次水平偏好的影响。

通过对富铁大米各个属性及层次水平进行主效应的参数估计可以发现，消费者对于富铁大米营养强化技术手段的偏好存在明显不同，相对于基因工程和食物强化手段，消费者更加偏好通过传统育种强化手段生产的富铁大米。基因工程和食物强化手段的估计系数分别为 −0.5361 和 −0.4947，对于消费者偏好来说，二者差异不明显，但均显著小于传统育种的强化手段。对于富铁大米的安全认证属性来说，各个认证属性层次的估计系数均显著为正，表明从消费者角度来说，有安全认证的富铁大米明显优于无安全认证的富铁大米。其中，国家认证的估计系数最大为 0.7008，表明消费者更加偏好国家层面的安全认证，其次才是国际安全认证，估计系数为 0.6715。在营养素含量属性方面，消费者对于富铁大米中"铁"营养素含量属性的偏好呈现出"倒 U 形"偏好。与 2 倍营养素含量相比，消费者对 3 倍营养素含量的偏好明显更大，估计系数为正的 0.1120，但对于 6 倍营养素含量估计系数却为 −0.2169，显著为负，说明在消费者看来富铁大米中"铁"营养素的含量并不是越高越好，适量的营养素含量提高能够显著提高消费者偏好。在富铁认证属性方面，有富铁认证标识的估计系数为 0.8264，显著为正，并且与富铁大米的其他属性的估计系数相比，有富铁

认证标识的估计系数最大,说明在消费者看来,对于富铁大米而言,有富铁认证标识是最重要的。

表8-5 Mixed Logit模型1参数估计结果(主效应)

分类	属性	估计系数	标准误差	P值	置信区间
价格	价格(PRICE)	-0.0167***	0.0031	0.0000	[-0.0228, -0.0106]
	不选项(NONCHOICE)	-0.6605***	0.0752	0.0000	[-0.8079, -0.5131]
营养强化技术手段	基因工程(BIOFOR2)	-0.5361***	0.0466	0.0000	[-0.6274, -0.4447]
	食物强化(BIOFOR3)	-0.4947***	0.0464	0.0000	[-0.5857, -0.4037]
安全认证	行业安全认证(SC1)	0.3736***	0.0582	0.0000	[0.2595, 0.4876]
	国家安全认证(SC2)	0.7008***	0.0552	0.0000	[0.5927, 0.8090]
	国际安全认证(SC3)	0.6715***	0.0585	0.0000	[0.5570, 0.7861]
"铁"营养素含量	3倍营养素含量(9mg/kg)(NUTRITION2)	0.1120**	0.0476	0.0186	[0.0187, 0.2052]
	6倍营养素含量(18mg/kg)(NUTRITION3)	-0.2169***	0.0530	0.0000	[-0.3208, -0.1130]
富铁认证	有富铁认证标识(LOGO)	0.8264***	0.0525	0.0000	[0.7235, 0.9293]
Distns. of RPs. Std.Devs or limits of triangular					
STDEV(BIOFOR2)		0.5620***	0.0490	0.0000	[0.4660, 0.6579]
STDEV(BIOFOR3)		0.5620***	0.0490	0.0000	[0.4660, 0.6579]
STDEV(SC1)		0.0786	0.1156	0.4970	[-0.1481, 0.3052]
STDEV(SC2)		0.5600***	0.0699	0.0000	[0.4230, 0.6970]
STDEV(SC3)		0.8124***	0.0652	0.0000	[0.6847, 0.9401]
STDEV(NUTRITION2)		0.6466***	0.0533	0.0000	[0.5421, 0.7512]
STDEV(NUTRITION3)		0.9204***	0.0586	0.0000	[0.8056, 1.0352]
STDEV(LOGO)		1.1405***	0.0567	0.0000	[1.0293, 1.2517]
样本量		835			
对数似然值(log likelihood)		-7625.3099			
McFadden伪R^2值(McFadden Pseudo R^2)		0.1766			
赤池信息准则(AIC)		15284.6			

注:*、**、***分别表示在10%、5%和1%的水平上显著。

在模型1主效应的基础上,模型2引入了消费者健康意识和消费者调节定向两个消费者个人特质。观察消费者健康意识和调节定向分别与富铁大米各个属性及层次水平的交叉项系数可以发现,消费者对于富铁大米各个属性的偏好存在明显的异质性。观察安全认证属性可以发现，富铁大米的行业认证与调节定向的交叉项系数显著为正（0.2035），说明与促进定向的消费者相比，防御定向的消费者更偏好行业认证；国家认证与健康意识（0.1185）、调节定向（0.2290）的交叉项系数均显著为正，说明健康意识越高，且更倾向于防御定向的消费者，对于国家认证更加偏好；国际认证与健康意识的交叉项系数显著为正（0.1757），说明健康意识越高的消费者，越偏好国际认证。在营养素含量属性层面可以发现，3倍营养素含量与健康意识的交叉效应显著为正（0.1145），说明健康意识较高的消费者更加偏好中等铁营养素含量的富铁大米。富铁标识认证和健康意识的交叉项系数也显著为正（0.1790），说明健康意识越高的消费者越偏好经过富铁标识认证的富铁大米。总体而言，消费者健康意识和调节定向对消费者偏好影响显著。

表8-6 Mixed Logit模型2参数估计结果（主效应+交叉项）

分类	属性	估计系数	标准误差	P值	置信区间
价格	价格（PRICE）	-0.0166***	0.0031	0.0000	[-0.0227, -0.0105]
	不选项（NONCHOICE）	-0.7079***	0.0757	0.0000	[-0.8562, -0.5596]
营养强化技术手段	基因工程（BIOFOR2）	-0.6745**	0.2861	0.0184	[-1.2352, -0.1138]
	食物强化（BIOFOR3）	-0.4094	0.2991	0.1711	[-0.9957, 0.1769]
安全认证	行业安全认证（SC1）	-0.1734	0.3450	0.6152	[-0.8496, 0.5028]
	国家安全认证（SC2）	-0.0742	0.3424	0.8283	[-0.7453, 0.5968]
	国际安全认证（SC3）	-0.3491	0.3732	0.3495	[-1.0806, 0.3823]
"铁"营养素含量	3倍营养素含量（9mg/kg）（NUTRITION2）	-0.5148	0.3163	0.1037	[-1.1348, 0.1053]
	6倍营养素含量（18mg/kg）（NUTRITION3）	-0.7326**	0.3499	0.0363	[-1.4184, -0.0468]
富铁认证	有富铁认证标识（LOGO）	-0.2019	0.3137	0.5197	[-0.8167, 0.4128]
交叉项8	基因工程×健康意识（BIOFOR2×HC）	0.0248	0.0478	0.6033	[-0.0688, 0.1185]
	基因工程×调节定向（BIOFOR2×RF）	-0.0183	0.0825	0.8247	[-0.1801, 0.1435]
	食物强化×健康意识（BIOFOR3×HC）	-0.0048	0.0501	0.9236	[-0.1030, 0.0934]
	食物强化×调节定向（BIOFOR3×RF）	-0.1314	0.0870	0.1310	[-0.3019, 0.0392]
	行业安全认证×健康意识（SC1×HC）	0.0750	0.0575	0.1920	[-0.0377, 0.1876]

续表

分类	属性	估计系数	标准误差	P 值	置信区间
交叉项 8	行业安全认证 × 调节定向（SC1×RF）	0.2035**	0.0990	0.0398	[0.0095, 0.3975]
	国家安全认证 × 健康意识（SC2×HC）	0.1185**	0.0571	0.0381	[0.0065, 0.2304]
	国家安全认证 × 调节定向（SC2×RF）	0.2290**	0.0980	0.0195	[0.0369, 0.4212]
	国际安全认证 × 健康意识（SC3×HC）	0.1757***	0.0621	0.0047	[0.0539, 0.2974]
	国际安全认证 × 调节定向（SC3×RF）	0.1379	0.1039	0.1846	[−0.0658, 0.3416]
	3倍营养素含量 × 健康意识（NUTRITION2×HC）	0.1145**	0.0529	0.0304	[0.0108, 0.2181]
	3倍营养素含量 × 调节定向（NUTRITION2×RF）	0.0372	0.0889	0.6757	[−0.1371, 0.2115]
	6倍营养素含量 × 健康意识（NUTRITION3×HC）	0.0859	0.0582	0.1401	[−0.0282, 0.2000]
	6倍营养素含量 × 调节定向（NUTRITION3×RF）	−0.0692	0.1017	0.4962	[−0.2686, 0.1301]
	有富铁认证标识 × 健康意识（LOGO×HC）	0.1790***	0.0529	0.0007	[0.0753, 0.2826]
	有富铁认证标识 × 调节定向（LOGO×RF）	−0.0192	0.0976	0.8442	[−0.1721, 0.2104]
Distns. of RPs. Std.Devs or limits of triangular					
	STDEV（BIOFOR2）	0.0880***	0.0082	0.0000	[0.0719, 0.1040]
	STDEV（BIOFOR3）	0.0880***	0.0082	0.0000	[0.0719, 0.1040]
	STDEV（SC1）	0.1590	0.1017	0.1179	[−0.0403, 0.3583]
	STDEV（SC2）	0.4652***	0.0909	0.0000	[0.2870, 0.6435]
	STDEV（SC3）	0.8367***	0.0608	0.0000	[0.7175, 0.9559]
	STDEV（NUTRITION2）	0.4338***	0.0766	0.0000	[0.2838, 0.5839]
	STDEV（NUTRITION3）	0.8384***	0.0745	0.0000	[0.6925, 0.9844]
	STDEV（LOGO）	0.1791***	0.0089	0.0000	[0.1616, 0.1966]
样本量		835			
对数似然值（log likelihood）		−7570.6321			
McFadden 伪 R^2 值（McFadden Pseudo R^2）		0.1825			
赤池信息准则（AIC）		15227.3			

注：*、**、***分别表示在10%、5%和1%的水平上显著。

二、消费者对营养强化食品不同属性及层次水平的偏好与支付意愿分析

根据富铁大米各属性及层次水平的参数估计结果,可由以下公式整体计算消费者对于富铁大米各个属性及层次水平的支付意愿:

$$\text{WTP}_k = -\frac{\beta_k}{\beta_{\text{price}}} \quad (8\text{-}9)$$

式中,β_k 表示富铁大米各个属性及层次水平的估计系数;β_{price} 为价格的估计系数;WTP_k 表示消费者对于富铁大米属性层次 k 的支付意愿。具体情况见表8-7。

表8-7 消费者对富铁大米不同属性层次的支付意愿

属性	层次	支付意愿	置信区间
营养强化技术手段	基因工程(BIOFOR2)	−32.191	[−33.408,−30.964]
	食物强化(BIOFOR3)	−29.793	[−30.904,−28.527]
安全认证	行业安全认证(SC1)	22.455	[22.374,22.538]
	国家安全认证(SC2)	42.230	[41.023,43.379]
	国际安全认证(SC3)	43.330	[41.277,45.339]
"铁"营养素含量	3倍营养素含量(9mg/kg)(NUTRITION2)	8.380	[6.838,9.934]
	6倍营养素含量(18mg/kg)(NUTRITION3)	−13.745	[−16.354,−11.208]
富铁认证	有富铁认证标识(LOGO)	54.666	[51.026,58.002]

根据估算的消费者对富铁大米各个属性及层次水平的支付意愿可以发现,消费者对于通过基因工程和食物强化手段强化的富铁大米的支付意愿明显偏低。整体来看,大多数消费者对于基因工程技术仍持有强烈的负面态度,与基因工程技术相比,消费者平均愿意多花 32.191 元/500g 去购买通过传统育种技术生产的富铁大米。对于通过食物强化手段生产的富铁大米,消费者也表现出明显的负向偏好,这也说明了消费者会更偏好天然产品,而非后天人工合成的产品。因此,与食物强化技术生产的富铁大米相比,消费者愿意多花费 29.793 元/500g 来购买天然的富铁大米。

在食品安全认证方面,有食品安全认证的富铁大米消费者普遍表现出正向偏好,与无安全认证的富铁大米相比,支付意愿更高。具体而言,对于经过行业认证的富铁大米,消费者的平均支付意愿为 22.455 元/500g;对于经过国家安全认证的富铁大米,消费者的平均支付意愿为 42.230 元/500g;对于经过国际安

全认证的富铁大米而言，消费者的平均支付意愿为 43.330 元 /500g。通过观察可以发现，与行业安全认证相比，消费者更加偏好国家安全认证和国际安全认证。在支付意愿方面，对于经过国家和国际安全认证的富铁大米的支付意愿，显著高于经过行业认证的支付意愿。在国家认证和国际认证两方面没有显著的差异，消费者对国际认证的平均支付意愿略高于国家认证的支付意愿。

在消费者对富铁大米营养素含量属性的支付意愿方面，消费者对于 3 倍营养素含量的富铁大米的支付意愿显著高于 2 倍营养素含量的富铁大米，但是消费者对于 6 倍营养素含量的富铁大米的支付意愿却显著低于 2 倍营养含量的富铁大米。经过分析不难发现，中国人做事讲究"循序渐进"，在营养补充方面同样如此。相比于通过药物或营养剂进行营养补充，大部分的中国消费者更加倾向于通过长期的食物进行营养补充。因此在营养含量方面，大部分消费者更加倾向于 3 倍铁营养素含量的富铁大米。具体而言，与 2 倍铁营养素含量相比，消费者愿意为 3 倍铁营养素含量的富铁大米多付 8.380 元 /500g。但与 6 倍铁营养素含量的富铁大米相比，消费者宁愿多付 13.745 元 /500g 去购买 2 倍铁营养素含量的富铁大米，也不愿意购买含有 6 倍铁营养素的富铁大米。

在富铁大米的认证属性方面，相对于没有富铁标识的富铁大米，消费者对经过富铁认证，具有标识的富铁大米表现出极大的偏好。具体而言，与无富铁标识的富铁大米相比，消费者对有富铁标识的富铁大米的支付意愿为 54.666 元 /500g。由此也可以看出，对于营养强化产品而言，消费者会更加重视营养强化标识的认证。

三、特定消费者对营养强化食品不同属性及层次水平的偏好与支付意愿分析

消费者健康意识和调节定向对消费者偏好影响很大，因此本书根据消费者健康意识和调节定向将消费者分为 4 种特定类型，并进一步运用式（8-10）估算不同类型的消费者对于富铁大米各个属性及层次水平的支付意愿。

$$\text{WTP}_k = -\frac{\beta_k + \beta_{k \times n}}{\beta_{\text{price}}} \quad (8\text{-}10)$$

式中，β_k 表示富铁大米各个属性及层次水平的估计系数；$\beta_{k \times n}$ 为富铁大米属性层次与特定类型消费者 n ｛n=［health consciousness（HC），regulatory focus（RF）］｝的交叉项；β_{price} 为价格的估计系数；WTP_k 表示消费者对于富铁大米属性层次 k 的支付意愿。具体情况见表 8-8 和表 8-9。

表8-8 特定消费者对富铁大米不同属性层次的支付意愿（高健康意识组）

属性	水平	高健康意识组			
		防御定向		促进定向	
		支付意愿	置信区间	支付意愿	置信区间
营养强化技术手段	基因工程（BIOFOR2）	-34.780	[-35.943,-33.546]	-35.911	[-37.243,-34.580]
	食物强化（BIOFOR3）	-29.137	[-30.352,-27.888]	-28.791	[-30.006,-27.656]
安全认证	行业安全认证（SC1）	29.825	[29.348, 30.350]	21.098	[20.876, 21.294]
	国家安全认证（SC2）	48.894	[47.436, 50.215]	42.061	[40.817, 43.346]
	国际安全认证（SC3）	45.607	[43.229, 48.149]	48.396	[46.146, 50.571]
"铁"营养素含量	3倍营养素含量（9mg/kg）（NUTRITION2）	5.922	[3.952, 7.553]	-9.017	[-11.557, 6.348]
	6倍营养素含量（18mg/kg）（NUTRITION3）	-20.457	[-23.102,-17.821]	-16.009	[-17.717,-14.489]
富铁认证	有富铁认证标识（LOGO）	69.825	[66.178, 73.614]	60.595	[57.148, 64.030]

表8-9 特定消费者对富铁大米不同属性层次的支付意愿（低健康意识组）

属性	水平	低健康意识组			
		防御定向		促进定向	
		支付意愿	置信区间	支付意愿	置信区间
营养强化技术手段	基因工程（BIOFOR2）	-42.349	[-43.712,-40.899]	-24.275	[-25.469,-22.972]
	食物强化（BIOFOR3）	-37.909	[-39.312,-36.643]	-23.045	[-24.255,-21.706]
安全认证	行业安全认证（SC1）	27.695	[27.034, 28.365]	10.029	[9.795, 10.254]
	国家安全认证（SC2）	55.269	[53.860, 56.576]	32.309	[31.045, 33.606]
	国际安全认证（SC3）	48.475	[46.334, 50.580]	35.780	[33.570, 37.882]
"铁"营养素含量	3倍营养素含量（9mg/kg）（NUTRITION2）	12.777	[10.897, 14.649]	-2.774	[-4.185,-1.307]
	6倍营养素含量（18mg/kg）（NUTRITION3）	-17.199	[-19.964,-14.404]	-18.568	[-21.458,-15.734]
富铁认证	有富铁认证标识（LOGO）	46.178	[42.534, 49.737]	50.912	[47.280, 54.584]

表8-8和表8-9分别显示了健康意识较高的消费者和健康意识较低的消费者，在不同调节定向水平下，对富铁大米不同属性及层次水平的支付意愿。整体来看，与健康意识较低的消费者相比，健康意识较高的消费者对富铁大米各个属性及层次水平的支付意愿较高，特别是在富铁大米的安全认证属性层面和富铁

认证属性层面。这也在一定程度上反映出，高健康意识的消费者会更加注重产品的质量安全。其次，与促进定向的消费者相比，防御定向更高的消费者对富铁大米各个属性及层次水平的支付意愿较高，特别是在富铁大米的铁营养素含量属性方面。可以明显地看出，防御定向的消费者对于铁营养素含量较高的富铁大米，支付意愿更高。并且，与健康意识相比，消费者的调节定向水平对作物营养强化食品支付意愿的影响更大。

具体而言，通过对比表 8-8 和表 8-9 可以发现，与低健康意识＋防御定向的消费者相比，高健康意识＋防御定向的消费者对富铁大米各个属性及层次水平的支付意愿相差不大，特别是在安全认证属性方面。通过对比还可以发现，防御定向的消费者更加注重作物营养强化食品的国家安全认证。对于经过国家安全认证的富铁大米的支付意愿明显高于行业安全认证和国际安全认证。与低健康意识＋促进定向的消费者相比，高健康意识＋促进定向的消费者对于富铁大米各个属性及层次水平的支付意愿显著更高。进一步对比防御定向的消费者和促进定向的消费者对富铁大米各个属性及层次水平的支付意愿可以发现，与 2 倍铁营养素含量的富铁大米相比，防御定向的消费者对铁营养素含量为 3 倍的富铁大米明显持正向的偏好，愿意以多 5.922 元 /500g（或 12.777 元 /500g）的价格购买含有 3 倍铁营养素的富铁大米。但是，同样与 2 倍铁营养素含量的富铁大米相比，促进定向的消费者对铁营养素含量为 3 倍的富铁大米明显持有负向的偏好，不愿意花更多的钱购买含有 3 倍铁营养素的富铁大米，宁愿多花 9.017 元 /500g（或 2.774 元 /500g）去购买含有 2 倍铁营养素的富铁大米。对于含有 6 倍铁营养素含量的富铁大米，不管是防御定向还是促进定向的消费者，都不愿意花更多的钱去购买，但在支付意愿方面防御定向的消费者还是略高于促进定向的消费者。进一步分析也可以理解，有防御定向的消费者更加看重风险的规避，这一类型消费者追求的是损失最小化。而促进定向的消费者更加看重收益和所得，追求的是利益的最大化。当面对营养强化食品时，由于消费者对这类产品的不了解，因此对产品的质量安全及产品功效都充满了疑虑。对于促进定向的消费者来说，营养强化食品能带给其的收益是不确定的，因此对于这类产品的支付意愿相对较低。但对于防御定向的消费者来说，作物营养强化食品的出现激活了其追求身体健康的目标，为了能够规避由于营养素缺乏可能带来的风险，这一类型的消费者会更愿意去购买营养强化食品，因此对于营养强化食品的支付意愿也会相对较高。

第四节
研究结论

　　本研究基于随机效用理论和 Lancaster 消费者理论，运用选择实验的方法，从富铁大米营养强化技术手段、安全认证、营养素含量、富铁认证，以及价格属性出发，构建富铁大米的不同属性及层次水平组合。同时运用 Mixed Logit 模型，估计消费者对于富铁大米不同属性及层次水平的支付意愿。并且，在估计消费者整体支付意愿的基础上，考虑消费者异质性，引入健康意识和调节定向两个消费者个人特质，进一步计算特定类型的消费者对于富铁大米各个属性及层次水平的支付意愿。结果表明，相对于基因工程技术和食物强化技术，消费者对于传统育种技术有着明显的偏好。相对于无安全认证的富铁大米，消费者对有安全认证的富铁大米具有明显的偏好，并且相对于行业安全认证，消费者更加偏好国家安全认证和国际第三方安全认证。在富铁大米铁营养素含量属性层面，消费者表现出明显的"倒 U 形"偏好，对于含有 3 倍铁营养素的富铁大米的支付意愿最高，其次是 2 倍铁营养素含量的富铁大米，对于含有 6 倍铁营养素的富铁大米的支付意愿最低。相对于富铁大米的其他属性而言，消费者更加重视富铁标识认证属性，对于有富铁认证标识的富铁大米的支付意愿最高。在分析特定类型消费者对富铁大米各个属性及层次水平的支付意愿方面，健康意识较高的消费者支付意愿普遍较高。与促进定向的消费者相比，防御定向的消费者的支付意愿往往更高，特别是在富铁大米营养素含量属性方面。

第九章
结论与对策建议

第一节 结论

作物营养强化食品作为近年来具有重要意义的典型农产品，对于改善人体健康，特别是提高居民的营养健康水平，减少因营养缺乏问题导致的劳动力浪费具有重大意义。本书共通过6个实验，从产品比较的视角出发，探讨了在进行作物营养强化新产品推广时，企业如何通过有效的沟通策略促进消费者对于作物营养强化食品的选择。与此同时，运用选择实验的方法，构建不同属性及层次水平组合的富铁大米选择集，通过让消费者进行多次重复性的选择，运用Mixed Logit模型估计消费者对富铁大米各个属性及层次水平的偏好和支付意愿，从而更好地为作物营养强化食品的推广提供一定的对策建议。具体研究结论如下：

① 相对价格比较与企业沟通策略的有效匹配会导致更有利的消费者反应，即能够显著促进消费者的购买决策。本书的第四章，从相对价格比较的视角出发，探讨了相对价格比较与企业沟通策略匹配对消费者购买决策的影响，以及其内在的影响机制。该章节共通过3个实验进行了研究，研究结果表明，当作物营养强化食品的价格存在较大差异时，企业通过采取有效的沟通策略能够显著地影响消费者决策。当作物营养强化食品的相对价格比较较高时，由于消费者对高价产品的心理距离较远，此时企业采取更加抽象的高解释水平信息进行产品的推广与沟通，消费者对待产品的态度会更加积极，在一定程度上会忽略产品的价格因素，降低了产品的相对价格比较对消费者的影响，因此可以有效地促进消费者选择，提高消费者购买意愿。反之，当作物营养强化食品的相对价格比较较低，即产品较便宜时，消费者本身对产品的心理距离较近，如果此时企业同样采取抽象的高解释水平的沟通信息，反而会让消费者认为企业在夸大其实，认为产品的价格与其质量并不对等，反而阻碍了消费者对于作物营养强化食品的选择。因此，当作物营养强化食品的相对价格比较较低时，企业适合采取更加具体的低解释水平信息进行产品的推广与沟通。

价格因素往往是影响消费者购买决策的重要因素，当消费者面对不同价格的作物营养强化食品时，就激活了消费者价格比较的心理状态，此时价格敏感性就成为了影响消费者购买决策的重要因素。本书通过2个实验验证了，价格敏感度中介了相对价格比较和企业沟通策略匹配对消费者决策的影响。当相对价格比较与企业沟通策略较为匹配时，即相对高价匹配高解释水平的沟通信息，相对低价匹配低解释水平的沟通信息时，消费者对作物营养强化食品的价格敏感度相对较低，购买意愿相对较高。同时研究还发现，消费者健康意识和调节定向对于相对价格比较和企业沟通策略的匹配作用具有显著的影响，特别是在消费者健康意识较高和消费者为防御定向的时候。与健康意识较低的消费者相比，当消费者健康意识较高时，相对价格比较和企业沟通策略的匹配效果更强，对于消费者购买决策的影响更大。与促进定向的消费者相比，当激活消费者防御定向的时候，由于消费者会更倾向于风险的规避，因此会更加注重产品价格与企业信息的匹配。所以，当激活消费者防御定向时，相对价格比较和企业沟通策略之间的匹配作用更强。这也在一定程度上与后续选择实验的结果相互印证。

② 相对营养比较与企业沟通策略的有效匹配会导致更有利的消费者反应，即能够显著促进消费者的购买决策。消费者对作物营养强化食品的选择，一方面会受到价格的影响，另一方面还会受到营养因素的影响。由于技术手段、生长环境之间的差异，同一类型作物营养强化食品中微量营养素的含量存在一定的差异，而消费者选择作物营养强化食品都是为了补充身体所需的微量营养素，因此也会格外重视作物营养强化食品中微量营养素的含量。本书的第五章，就从相对营养比价的视角出发，分别以消费者选择、消费者购买意愿和消费者评价为因变量，探讨相对营养比较和企业沟通策略的匹配对消费者决策的影响，以及其内在的影响机制。该章节同样通过3个实验进行了研究，研究结果表明相对营养比较和企业沟通策略的匹配对消费者决策影响显著。具体而言，在消费者选择方面，面对相对营养比较较高的作物营养强化食品时，更多的消费者认为和高解释水平的广告信息匹配较好；面对相对营养比较较低的作物营养强化食品时，消费者更多地认为与低解释水平的广告信息匹配更合适。虽然整体来看，与相对营养比较较低的食品相比，消费者对相对营养比较较高食品的购买意愿较高。但仔细分析可以发现，当相对营养比较较高时，企业采取抽象的高解释水平的沟通信息，消费者对作物营养强化食品的购买意愿更高；当相比营养比较较低时，企业采取具体的低解释水平的沟通信息，消费者对作物营养强化食品的购买意愿更高。消费者对作物营养强化食品的产品评价，同样会受到相对营养比较与企业沟通策略匹配的影响，二者越匹配消费者对作物营养强

化食品的产品评价越正面。

通过研究发现，相对营养比较和企业沟通策略的匹配通过消费者独特效用感知影响消费者决策，独特效用越强，消费者购买意愿越高，对作物营养强化食品的产品评价越正面。当相对营养比较与企业沟通策略较为匹配时，即相对高营养匹配企业高解释水平的沟通信息，相对低营养匹配低解释水平的沟通信息时，消费者对作物营养强化食品的独特效用感知更强，因此消费者购买意愿更高，对产品的评价也更好。消费者健康意识和调节定向同样在其中起到了明显的调节作用。与健康意识较低的消费者相比，当消费者健康意识较高时，相对营养比较和企业沟通策略的匹配效果更好，能够明显地影响消费者购买决策。与促进定向的消费者相比，当消费者为防御定向时，相对营养比较和企业沟通策略的匹配效果更好，消费者产品评价更高。

③ 消费者对于营养强化技术具有不同的偏好，与食品强化技术相比，消费者对于生物强化技术下的创新型农产品有更高的购买意愿。但与普通产品相比，消费者对于食物强化技术下创新型农产品有较低的购买意愿，与本书的假设相违背。面类食物作为北方地区的主食是消费者每天都会食用的产品，因此对于面粉的选择消费者会表现得更加慎重。而通过食品强化技术生产富锌面粉，在消费者对于添加剂的用法、用量以及安全和规范都不了解的情况下，消费者的感知不确定性就会增加。虽然其营养价值相比普通面粉而言更高，但对于消费者来说其风险也更大，与其食用可能带有食品安全问题的富锌面粉，不如选择普通的小麦面粉。

决策舒适度中介了营养强化技术与消费者购买意愿之间的关系，决策舒适度越高，消费者购买意愿越高。决策舒适度作为一种软积极情绪对消费者决策产生了很大的影响。虽然中国的营养强化项目早在1993年就陆续开展起来，但消费者对于营养强化农产品，特别是营养强化的粮食产品的关注度还很低。因此富锌面粉对消费者来说是一种创新型农产品，在购买过程中更多地依赖当时的决策情绪。消费者主观知识在一定程度上调节了营养强化技术与消费者购买意愿之间的关系，只有消费者面对通过生物强化技术生产的创新型农产品时，消费者才会启动其对于营养素的认知判断，才会真正去判断产品的好与坏，此时，消费者的主观知识越高，个体对于产品的感知收益就会越大，就会表现出较高的购买意愿。但当消费者面对通过食品强化技术生产的创新型农产品时，即通过人工添加剂加工而成的营养强化产品时，消费者会更多地关注产品的制作工艺，就不会启动其对于营养素的认知判断，因此消费者主观知识的调节作用不显著。

④ 我国居民对于作物营养强化食品的选择意愿与其消费者认知、自我效能、感知易感性和健康意识等因素密切相关。其中，消费者对于作物营养强化食品的认知显著影响其食品选择，意识到选择作物营养强化食品能带来更多益处，且选择难度较小的消费者越倾向于选择这类食品。消费者的自我效能、感知易感性与健康意识也对食品选择有显著影响，相信自己有能力采取更健康的饮食习惯和更加关注自身健康的消费者更倾向于选择营养健康食品。然而，本书研究还发现，当下我国消费者对由微量营养素缺乏导致的营养健康问题的认识存在很大的不足。感知严重性对消费者对作物营养强化食品的购买意愿的影响不显著，表明我国居民对于由微量营养素缺乏导致的身体疾病的认识存在偏差，而这也可能是越来越多的人罹患慢性病的原因之一。

此外，消费者对微量营养素缺乏导致的营养健康问题认识不足，而此问题很可能导致慢性病的发展。因此，提高我国居民对于微量营养素缺乏导致的潜在危害的认识以及推广作物营养强化食品，可以从消费者认知和作物营养强化食品市场建设两方面出发。在消费者认知方面，可以开展作物营养强化相关知识的科普活动，并且加强消费者健康意识的培养。在作物营养强化食品市场建设方面，则需要加强市场建设和监管，满足居民消费需求，提高作物营养强化食品的供应广度，同时确保作物营养强化食品的质量安全，帮助消费者认识和识别作物营养强化食品，降低消费者感知障碍。

⑤ 本书第八章通过构建不同属性及层次水平组合的富铁大米选择集，运用选择实验方法，并采用 Mixed Logit 模型估算了消费者对富铁大米不同属性及层次水平的偏好及支付意愿。整体来看，在营养强化技术手段属性方面，消费者更加偏好传统育种的强化手段，即通过叶面施肥等措施提升作物中微量营养素的含量。对于基因工程技术和食物强化技术表现出显著的负向偏好，特别是对于基因工程技术，目前我国的大部分消费者仍持有明显的负面态度。在富铁大米安全认证属性层面，与没有经过安全认证的富铁大米相比，消费者对经过安全认证的富铁大米的支付意愿更高。进一步分析安全认证属性的不同层次可以发现，消费者对于行业安全认证的支付意愿显著偏低，对于国家安全认证和国际安全认证的支付意愿更高。虽然消费者对国家安全认证和国际安全认证的偏好差异不大，但整体而言，消费者对于国际第三方安全认证的支付意愿更高。在富铁大米的营养素含量属性方面，并不是营养素含量越高消费者支付意愿越

高，消费者的整体偏好呈现出"倒U形"。即与2倍铁营养素含量的富铁大米相比，消费者对含有3倍铁营养素的富铁大米的支付意愿显著偏高，对于6倍铁营养素含量的富铁大米的支付意愿显著偏低。相对于其他属性，富铁标识认证可以看作是消费者最为重视的产品属性。与没有富铁标识认证的富铁大米相比，消费者对于有富铁标识认证的富铁大米的支付意愿显著偏高，并且明显高于对富铁大米其他属性及层次水平的支付意愿。

本书不仅分析了整体消费者对于富铁大米不同属性及层次水平的偏好和支付意愿，并在整体模型的基础上引入了消费者健康意识和调节定向，进一步分析了特定消费者对于富铁大米不同属性及层次水平的偏好和支付意愿。总体来看，本章研究结果与第四、第五章的研究结果相互呼应，即健康意识越高，消费者对于富铁大米各个属性及层次水平的偏好和支付意愿越高。并且，与促进定向的消费者相比，防御定向的消费者对富铁大米各个属性及层次水平的偏好和支付意愿更高。但具体来看，不同类型消费者偏好之间存在明显的异质性。首先是在富铁大米的安全认证属性方面，防御定向的消费者更偏好国家安全认证，对于国家安全认证的富铁大米的支付意愿明显较高；而促进定向的消费者却更加偏好国际安全认证，对于这一属性水平的支付意愿更高。其次是富铁大米的营养素含量属性，防御定向的消费者对于这一属性的偏好呈现"倒U形"，即对于3倍铁营养素含量的富铁大米的支付意愿，显著高于2倍铁营养素含量和6倍铁营养素含量的富铁大米的支付意愿。但对于促进定向的消费者来说，促进定向的消费者对于营养素含量这一属性的偏好呈现出一个逐渐下降的趋势，即富铁大米的铁营养素含量越高，消费者支付意愿反而越低。产生这一现象的原因可能是防御定向和促进定向的消费者追求的目标不一致。对于防御定向的消费者来说，规避风险，追求损失最小化是他的目标，因而这类型的消费者会更加偏好高营养的食品。但营养素含量过高在他们看来是一种潜在的风险，因此这类消费者更倾向于营养价值处于中等程度的产品，既可以避免因营养缺乏带来的风险，也可以避免因营养过多而带来的潜在风险。对于促进定向的消费者来说，追求确定收益最大化是这一类消费者的目标。由于消费者对作物营养强化食品的不了解，因而作物营养强化食品能够带给消费者的产品收益存在一定的不确定性。所以对这类消费者来说，会更加偏好较为基础款的产品。基于此，出现了不同类型消费者对富铁大米各个属性及层次水平支付意愿存在较大差异的情况。

第二节
对策建议

一、企业层面

① 针对作物营养强化食品特点，采取合适的企业沟通策略。目前，由于铁、锌、维生素 A 等微量营养素强化食品属于一种创新型产品，没有较大规模地推向市场，消费者对这类产品的市场定价及产品特点并不熟悉。因而在选购时，势必会与同类型产品进行比较之后，再来决定选择哪一个产品。因此企业在进行新产品的推广时，一定要根据自身产品的特质采取合适而有效的企业沟通策略。价格作为影响消费决策的重要因素往往会受到消费者第一时间的关注，所以对于企业来说，无论产品的绝对价格如何，企业都应该根据自身产品的相对价格比较来采取合理的沟通策略。对于相对昂贵的产品，企业可以通过沟通引导消费者关注产品的抽象意义，降低消费者价格敏感度。对于相对便宜的产品，企业可以引导消费者关注更加具体的产品特质，给予消费者一种价优物美的感觉，从而促进消费者购买。除了价格因素之外，营养因素也是影响消费者选择作物营养强化食品的一个重要因素，消费者在做出购买决策之前一定会比较产品之间的营养素含量。因此针对产品的营养特性，企业也应该采取与之相匹配的沟通策略，引导消费者对作物营养强化食品的选择，进而提高消费者对于作物营养强化食品的接受程度，改善我国的"隐性饥饿"问题。

② 加大对作物营养强化食品的宣传，不断提高消费者健康意识。研究结果表明，健康意识对消费者作物营养强化食品的购买意愿、产品评价，及支付意愿等均具有显著的正向影响。消费者健康意识越高，越容易接受作物营养强化食品。消费者健康意识不仅会受到个人因素的影响，也很容易受到周围环境的影响。因此，企业应该加强对作物营养强化食品的宣传力度，倡导消费者在吃饱的同时关注饮食的营养健康问题，特别是微量营养素缺乏问题，不断提高消费者健康意识，进而不断扩大消费者对于作物营养强化食品的关注和认可。与此同时，与促进定向的消费者相比，防御定向的消费者对作物营养强化食品的偏好更高，所以企业在进行作物营养强化食品宣传时，可以有意识地激活消费者防御定向，强调微量营养素缺乏可能带来的危害和风险。同时，不断强调通

过选择作物营养强化食品可以在不改变饮食习惯的同时达到补充微量营养素的目的，并且与传统的补充剂相比更加经济实惠，进而不断地引导消费者关注微量营养素缺乏问题，提高消费者通过选择作物营养强化食品来补充微量营养素的意识，不断加大消费者对作物营养强化食品的了解，提升消费者对作物营养强化食品的认可和接受程度。在传统广告、电视广告和报纸广告宣传的同时，企业也可以充分利用新媒体技术，建立自己的网络宣传平台，多种渠道共同宣传。除此之外，企业也可以邀请消费者参观和体验作物营养强化食品的检测环节和加工环节等过程，从而更加深入地了解作物营养强化食品的生产过程，提高消费者对作物营养强化食品的信任程度。

③ 针对不同类型的消费者，提供多种不同属性及层次水平组合的产品。通过研究可以发现，不同类型的消费者对于作物营养强化食品不同属性及层次水平的支付意愿存在较大的差异。例如，有的消费者更加偏好国家安全认证属性，而有的消费者更加相信国际第三方安全认证。在营养素含量方面，有的消费者偏好营养素含量适中的产品，有的消费者却更加喜欢较为基础的产品。除了这些属性之外，产品的包装大小、包装形式等都可能会影响消费者对某一产品的偏好。因此在消费者日益关注健康问题的今天，企业应该抓紧机会、抓住机遇，了解不同细分市场的消费者的偏好和需求，开发不同属性及层次水平组合的产品，并针对不同产品和特定人群开展不同的营销策略，以满足不同细分市场的需要，进而全面推广作物营养强化食品。

二、政府层面

① 加大支持力度，帮助企业更好地完成作物营养强化食品的推广宣传工作。微量营养素缺乏问题是一个全球问题，需要全世界人民的共同努力，而我国"隐性饥饿"的人数就高达3亿人。微量营养素缺乏不仅会影响人们的身体健康，对于儿童和青少年的心理发展也会产生不良的影响。微量营养素缺乏也导致了大量劳动力缺失，由此导致的直接经济损失可占发展中国家国民生产总值的3%～5%。因此，为了缓解并逐步解决我国微量营养素缺乏问题，政府应该加大对作物营养强化食品企业的支持力度，从而帮助企业更好更快地完成对作物营养强化食品的推广工作，提高消费者对作物营养强化食品的认知和认可程度。首先，在资金方面，政府可以加大对农业企业的资金支持，提高营养强化作物在种植和生产过程中的补贴，降低作物营养强化食品的生产成本，从而

完成对作物营养强化食品的合理定价，促进消费者更好地接受作物营养强化食品。其次，技术支持也是保证作物营养强化食品顺利推广的关键因素。由于消费者普遍对基因工程技术和食物强化技术持负面态度，因此如何更好地通过传统育种技术提高作物中微量营养素含量，并一直保持稳定是需要技术人员不断尝试和探索的目标，这也需要政府部门的大力支持。除资金支持和技术支持之外，主流媒体的宣传也可以极大地推动作物营养强化食品的推广工作。

② 提升国家安全认证的公信力，加强作物营养强化食品的质量监督工作。农产品安全认证工作一直是保障我国农产品质量安全的重要举措。本书的研究结果在一定程度上反映了消费者对于国家安全认证和国际安全认证的偏好，消费者对于安全认证属性的支付意愿直接体现了其对安全认证产品的接受程度。因此，为了能够更好地推广作物营养强化食品，提高消费者对于作物营养强化食品的接受程度，政府部门首先要做的就是提升国家安全认证的公信力，不断加强对于食品质量安全的监管工作，重新赢得我国消费者对于食品质量监管等政府部门的信任。安全认证是证明产品质量安全的有效手段，也是有效提升消费者偏好的有力手段，但由于市场信息的不对称，很容易出现以次充好、销售劣质产品的情况。因此为了保证作物营养强化食品市场的正常运转，政府部门从一开始就要坚决做到严要求、重打击，同时不断提高作物营养强化食品质量安全监管工作的透明度，让消费者对作物营养强化食品买得放心、吃得更放心。

③ 针对作物营养强化食品，建立新的营养强化认证标识体系。研究发现，在作物营养强化食品的各个属性及层次水平中，消费者最为看重的就是营养强化认证标识。对于含有营养强化认证标识的产品，消费者表现出明显的偏好和非常高的支付意愿。但就目前来讲，因为作物营养强化食品行业还处于初步发展的阶段，关于作物营养强化食品的认证方面的政策都还不够完善。而且，就当今社会来说，社会公众普遍越来越关注营养健康问题，因此作物营养强化食品也必然会是未来食品发展的大方向。为了保证作物营养强化食品市场的正常发展，提高消费者对于作物营养强化食品的偏好，政府部门可以针对作物营养强化食品，建立有关作物营养强化食品的认证标识体系。通过简单易懂的营养强化标识，帮助消费者更好地辨别和挑选营养健康的作物营养强化食品。营养强化标识体系确立后，营养强化标识的宣传和普及推广工作也需要政府部门投入大量的人力资本和物力资本，并且营养强化标识的认可过程也是一个长时间不断积累的过程。而现在，作物营养强化食品也处于起步阶段，消费者对作物

营养强化食品的认可也需要一个长期积累的过程，如果此时政府部门能够及时地确立营养强化认证标识，不仅对作物营养强化食品的推广具有一定的推动力，也可以在一开始帮助消费者明确什么是作物营养强化食品，从而保证作物营养强化食品市场的顺利发展。

三、研究不足与未来展望

由于作者研究能力和研究条件的限制，本书还存在一定的不足之处，主要在于研究内容的局限，以及研究数据的局限。具体而言主要包括以下两个方面：

① 研究内容的局限。本书主要从产品比较（即相对价格比较和相对营养比较）的视角出发，研究了产品比较和企业沟通策略的匹配对消费者作物营养强化食品购买决策的影响。之后，估计了消费者对于营养强化食品各个属性及层次水平的偏好和支付意愿，主要包括营养强化技术手段属性、安全认证属性、营养素含量属性、营养强化标识认证属性，以及产品的价格属性。但在消费者真实的购买决策中，消费者不仅仅会受到价格和营养因素的影响，还会受到其他很多外在因素的影响，比如家人和周围朋友的态度等都会对消费者决策产生影响。其次，每个产品都由众多属性和不同层次水平组合而成，消费者在购买产品时关注的主要属性也不尽相同。而本书只关注了营养强化技术手段、安全认证等5个属性，对于其他产品属性，例如产品包装的大小等没有进行考虑。

② 研究数据的局限。本书主要采用实验法，通过模拟的实验材料刺激消费者，进而观察消费者对于作物营养强化食品的购买决策。进一步，采用选择实验的方法，通过组合不同属性及层次水平的营养强化食品，让消费者进行多次选择，进而估计消费者对于营养强化食品各个属性及层次水平的偏好和支付意愿。由于所有的实验并不是真实的购买和选择实验，因此本书的所有研究数据都为一手数据，而缺乏基于二手客观数据的研究。并且，在数据收集的过程中，所有数据的收集都是通过消费者自我报告的形式获取的，由此可能会出现消费者高估自身态度和行为的情况，从而导致估计结果的偏大。同时，由于作物营养强化食品并没有开始大规模地推广并进入市场，在生产成本和定价方面存在较大的差异，因此在价格属性的设置方面跨度较大，由此也可能进一步导致消费者支付意愿估计结果的偏大。

在未来的研究中，首先可以进一步挖掘影响消费者选择作物营养强化食品的关键因素，并对作物营养强化食品的产品属性及层次水平进行扩充和细化，不断完善研究内容。其次，在研究方法上可以开展更多真实的消费者选择实验，通过真实的消费者购买数据，更加准确地估计消费者偏好与支付意愿。并且，由于不同人群对营养素种类以及营养素含量的需求不同，在未来的研究中可以进一步对作物营养强化食品市场进行细分，开展不同类型消费者对于不同种类的作物营养强化食品的偏好和支付意愿研究。

参考文献

[1] 范云六. 以生物强化应对隐性饥饿 [J]. 科技导报, 2007（11）: 1.

[2] White P J, Broadley M R. Biofortification of crops with seven mineral elements often lacking in human dietsiron, zinc, copper, calcium, magnesium, selenium and iodine [J]. New Phytologist, 2009, 182(1):49-84.

[3] Hirschi K D. Nutrient biofortification of food crops [J]. Annual Review of Nutrition, 2009, 29(1):401-421.

[4] Steur H, Gellynck X, Feng S, et al. Determinants of willingness-to-pay for GM rice with health benefits in a high-risk region: Evidence from experimental auctions for folate biofortified rice in China [J]. Food Quality and Preference, 2012, 25(2): 87-94.

[5] 郑志浩. 城镇消费者对转基因大米的需求研究 [J]. 管理世界, 2015(3):66-75.

[6] Welch R M, Graham R D. Breeding for micronutrients in staple food crops from a human nutrition perspective [J]. Journal of Experimental Botany, 2004, 55(396):353-364.

[7] Gómez-Galera S, Rojas E, Sudhakar D, et al. Critical evaluation of strategies for mineral fortification of staple food crops [J]. Transgenic research, 2010, 19(2): 165-180.

[8] Group I Z N C, Brown K H, Rivera J A, et al. International Zinc Nutrition Consultative Group (IZiNCG) technical document #1. Assessment of the risk of zinc deficiency in populations and options for its control [J]. Food and Nutrition Bulletin, 2004, 25(2):99-203.

[9] Cakmak I. Enrichment of cereal grains with zinc: Agronomic or genetic biofortification? [J]. Plant and Soil, 2008, 302:1-17.

[10] Neelam K, Rawat N, Tiwari V K, et al. Development and molecular characterization of wheat-Aegilops longissima derivatives with high grain micronutrients [J]. Australian Journal of Crop Science, 2013, 7(4): 508-514.

[11] Traore L, Banou A A, Sacko D, et al. Strategies to control vitamin A deficiency [J]. Sante, 1998, 8(2): 158-162.

[12] Bouis H E, Hotz C, Mcclafferty B, et al. Biofortification: A new tool to reduce micronutrient malnutrition [J]. Food and Nutrition Bulletin, 2011, 32(1 Suppl):S31.

[13] Wessells K R, Brown K H. Estimating the Global Prevalence of Zinc Deficiency: Results Based on Zinc Availability in National Food Supplies and the Prevalence of Stunting [J]. PLOS ONE, 2012, 7.

[14] Allen L H. Interventions for micronutrient deficiency control in developing countries: past, present and future [J]. Journal of Nutrition, 2003, 133(2):3875S.

[15] Johns T, Eyzaguirre P B, Biofortification, biodiversity and diet: A search for complementary applications against poverty and malnutrition [J]. Food Policy, 2007, 32(1):1-24.

[16] 林黎, 曾果, 兰真, 等. 生物强化及其营养改善研究进展 [J]. 现代预防医学, 2011, 38(12):2240-2242.

[17] 张金磊, 李路平. 中国生物强化富铁小麦营养干预居民缺铁性贫血疾病负担分析 [J]. 中国农业科技导报, 2014(6): 132-142.

[18] Ortiz-Monasterio J I, Palacios-Rojas N, Meng E, et al. Enhancing the mineral and vitamin content of wheat and maize through plant breeding [J]. Journal of Cereal Science, 2007, 46(3):293-307.

[19] Bouis H E, Welch R M. Biofortification-A sustainable agricultural strategy for reducing micronutrient malnutrition in the global south [J]. Crop Science, 2010, 50(Supplement 1): S20-32.

[20] 刘楠楠, 严建兵. 玉米维生素 A 生物强化研究进展和展望 [J]. 生命科学, 2015(8):1028-1036.

[21] Mayer J E, Pfeiffer W H, Beyer P. Biofortified crops to alleviate micronutrient malnutrition [J]. Current Opinion in Plant Biology, 2008, 11(2):166-170.

[22] Stein A J, Meenakshi J V, Qaim M, et al. Potential impacts of iron biofortification in India [J]. Research in Development Economics and Policy, 2008, 66(8):1797-1808.

[23] 谢传晓, 王康宁, 张德贵, 等. 玉米铁微营养生物有效性与生物强化的研究进展 [J]. 玉米科学, 2007, 15(1):81-84.

[24] Hansen T H, Lombi E, Fitzgerald M, et al. Losses of essential mineral nutrients by polishing of rice differ among genotypes due to contrasting grain hardness and mineral distribution [J]. Journal of Cereal Science, 2012, 56(2):307-315.

[25] 李华雄, 杨克诚, 荣廷昭, 等. 富铁玉米自交系的筛选及配合力研究 [J]. 玉米科学, 2007, 15(3):3-8.

[26] 何万领, 李晓丽, 禹学礼, 等. 用 Caco-2 细胞模型评价几种铁化合物有效性和毒性 [J]. 中国粮油学报, 2010, 25(9):82-86.

[27] Bryce J, Black R E, Victora C G. Millennium Development Goals 4 and 5: progress and challenges [J]. Bmc Medicine, 2013, 11(1):225.

[28] Golden M H. Specific deficiencies versus growth failure: type Ⅰ and type Ⅱ nutrients [J]. Scn News, 1995, 6(12):10-14.

[29] Prasad A S. Zinc deficiency: Has been known of for 40 years but ignored by global health organisations [J]. Bmj British Medical Journal, 2003, 326(7386):409-410.

[30] Prasad A S, Miale A J, Farid Z, et al. Zinc metabolism in patients with the syndrome of iron deficiency anemia, hepatosplenomegaly, dwarfism, and hypogonadism [J]. J Lab Clin Med, 1963, 61(61):537.

[31] Prasad A S, Halsted J A, Nadimi M. Nutrition classics. The American Journal of Medicine, Volume 31, 1961. Syndrome of iron deficiency anemia, hepatosplenomegaly, hypogonadism, dwarfism and geophagia [J]. Nutrition Reviews, 1983, 31(4):532-546.

[32] Prasad R, Shivay Y S, Kumar D. Zinc Fertilization of Cereals for Increased Production and Alleviation of Zinc Malnutrition in India [J]. Agricultural Research, 2013, 2(2):111-118.

[33] Chasapis C T, Loutsidou A C, Spiliopoulou C A, et al. Zinc and human health: an update [J]. Archives of Toxicology, 2012, 86(4):521-534.

[34] Hershfinkel M. Zn^{2+}, a dynamic signaling molecule [J]. Molecular Biology of Metal Homeostasis and Detoxification, 2005, 14:131-153.

[35] Chen W R, He Z L, Yang X E, et al. Zinc efficiency is correlated with root morphology, ultrastructure, and antioxidative enzymes in rice [J]. Journal of Plant Nutrition, 2009, 32(2):287-305.

[36] Zhang Y Q, Sun Y X, Ye Y L, et al. Zinc biofortification of wheat through fertilizer applications in different locations of China [J]. Field Crops Research, 2012, 125(1):1-7.

[37] Wu C Y, Feng Y, Shohag M J I, et al. Characterization of ^{68}Zn uptake, translocation, and accumulation into

developing grains and young leaves of high Zn-density rice genotype [J]. Journal of Zhejiang University. SCIENCE B, Biomedicine and Biotechnology, 2011, 12(5):408-418.

[38] 白琳, 张勇, 黄承钰, 等. 不同小麦面粉铁和锌吸收率的分析比较 [J]. 卫生研究, 2010, 39(3):386-389.

[39] 郝元峰, 张勇, 何中虎. 作物锌生物强化研究进展 [J]. 生命科学, 2015, 27(8):1047-1054.

[40] 滕红红, 王晓华, 李辉. 2000～2004年中国儿童维生素A缺乏状况研究 [J]. 中国儿童保健杂志, 2006, 14(3):270-271.

[41] 林良明, 刘玉琳, 马官福, 等. 中国六岁以下儿童维生素A缺乏情况调查 [J]. 中华预防医学杂志, 2002, 36(5):315-319.

[42] Sherwin J C, Reacher M H, Dean W H, et al. Epidemiology of vitamin A deficiency and xerophthalmia in at-risk populations [J]. Trans R Soc Trop Med Hyg, 2012, 106(4):205-214.

[43] Zhong M, Kawaguchi R, Kassai M, et al. Retina, Retinol, Retinal and the Natural History of Vitamin A as a Light Sensor [J]. Nutrients, 2012, 4(12):2069-2096.

[44] Howe J A, Tanumihardjo S A, Seifried H, et al. Carotenoid-biofortified maize maintains adequate vitamin A status in Mongolian gerbils [J]. Journal of Nutrition, 2006, 136(10):2562.

[45] Yanggen D, Nagujja S. The use of orange-fleshed sweet-potato to combat Vitamin A deficiency in Uganda: a study of varietal preferences, extension strategies and post-harvest utilization [R]. Lima(Peru): International Potato Center(CIP), 2006.

[46] Njeru R W, Kapinga R, Potts M, et al. Orange-fleshed sweet-potato for enhanced food and nutritional security in Coastal Kenya [R]. In Proceedings of the 7th Annual Crop Science Society Conference, 5th-9th, Dec 2005.

[47] Low J W, Arimond M, Osman N, et al. A food-based approach introducing orange-fleshed sweet potatoes increased vitamin A intake and serum retinol concentrations in young children in rural Mozambique [J]. Journal of Nutrition, 2007, 137(5):1320-1327.

[48] 周应恒, 王晓晴, 耿献辉. 消费者对加贴信息可追溯标签牛肉的购买行为分析——基于上海市家乐福超市的调查 [J]. 中国农村经济, 2008(5):22-32.

[49] Michaelidou N, Hassan L M. Modeling the factors affecting rural consumers' purchase of organic and free-range produce: A case study of consumers' from the Island of Arran in Scotland, UK [J]. Food Policy, 2010, 35(2):130-139.

[50] Dean M, Raats M M, Shepherd R. The Role of Self-Identity, Past Behavior, and Their Interaction in Predicting Intention to Purchase Fresh and Processed Organic Food [J]. Journal of Applied Social Psychology, 2012(42): 669-688.

[51] Nuttavuthisit K, Thøgersen J. The Importance of Consumer Trust for the Emergence of a Market for Green Products: The Case of Organic Food [J]. Journal of Business Ethics, 2015(140): 323-337.

[52] Lee H J, Yun Z S. Consumers' perceptions of organic food attributes and cognitive and affective attitudes as determinants of their purchase intentions toward organic food [J]. Food Quality and Preference, 2015, 39(1): 259-267.

[53] Marian L, Chrysochou P, Krystallis A, et al. The role of price as a product attribute in the organic food context: An exploration based on actual purchase data [J]. Food Quality and Preference, 2014(37):52-60.

[54] 罗丞. 消费者对安全食品支付意愿的影响因素分析——基于计划行为理论框架 [J]. 中国农村观察, 2010(6):22-34.

[55] 夏晓平, 李秉龙. 品牌信任对消费者食品消费行为的影响分析——以羊肉产品为例 [J]. 中国农村观察, 2011(4):14-26.

[56] Chen M F. Consumer attitudes and purchase intentions in relation to organic foods in Taiwan: Moderating effects of food-related personality traits [J]. Food Quality and Preference, 2007(18):1008-1021.

[57] Andrewp B, Petra V, Kairsty T. Assessing the consumer perception of the term "organic": a citizens' jury approach [J]. British Food Journal, 2008, 111(2):155-164.

[58] 饶隽隽, 张敏. 消费者对可追溯性农产品的认知及购买意愿实证研究——以长沙市消费者为例 [J]. 湖南农业科学, 2014(5):72-76.

[59] Gracia A, Magistris T D. The demand for organic foods in the South of Italy: A discrete choice model [J]. Food Policy, 2008, 33(5):386-396.

[60] Brucks M. The effects of product class knowledge on information search behavior [J]. Journal of Consumer Research, 1985, 12(1):1.

[61] Raju P S, Lonial S C, Mangold W G. Differential effects of subjective knowledge, objective knowledge, and usage experience on decision making: An exploratory investigation [J]. Journal of Consumer Psychology, 1995, 4(2):153-180.

[62] 刘贝贝, 青平, 游良志. 创新型农产品的产品特质对消费者支付意愿的影响——以作物营养强化大米为例 [J]. 农村经济, 2018,8:51-55.

[63] Bai L, Tang J, Yang Y, et al. Hygienic food handling intention. An application of the Theory of Planned Behavior in the Chinese cultural context [J]. Food Control, 2014, 42:172-180.

[64] Mccabe D B, Nowlis S M. The effect of examining actual products or product descriptions on consumer preference [J]. Journal of Consumer Psychology, 2003, 13(4):431-439.

[65] Wang Y, Huscroft J R, Hazen B T, et al. Green information, green certification and consumer perceptions of remanufctured automobile parts [J]. Resources, Conservation and Recycling, 2018, 128(1):187-196.

[66] Chang T Z, Wildt A R. Price, product information, and purchase intention: An empirical study [J]. Journal of the Academy of Marketing Science, 1994, 22(1):16-27.

[67] Mishra H, Mishra A, Nayakankuppam D. Money: A Bias for the Whole [J]. Journal of Consumer Research, 2006, 32(4):541-549.

[68] Haws K L, Reczek R W, Sample K L. Healthy Diets Make Empty Wallets: The Healthy = Expensive Intuition [J]. 2015, 43(4): 992-1007.

[69] Newman C L, Howlett E, Burton S. Effects of objective and evaluative front-of-package cues on food evaluation and choice: the moderating influence of comparative and noncomparative processing contexts [J]. Journal of Consumer Research, 2016, 42(5):749-766.

[70] Lee H C, Chang C T, Cheng Z H, et al. Will an organic label always increase food consumption? It

depends on food type and consumer differences in health locus of control [J]. Food Quality and Preference, 2018, 63(1):88-96.

[71] Carnevale J J, Fujita K, Han H A, et al. Immersion versus transcendence: How pictures and words impact evaluative associations assessed by the Implicit Association Test [J]. Social Psychological and Personality Science, 2015, 6(1):92-100.

[72] Fletcher B, Pine K J, Woodbridge Z, et al. How visual images of chocolate affect the craving and guilt of female dieters [J]. Appetite, 2007, 48(2):211-217.

[73] Argo J J, White K. When Do Consumers Eat More? The Role of Appearance Self-Esteem and Food Packaging Cues [J]. Journal of Marketing, 2012, 76(2):67-80.

[74] Koenigstorfer J, Baumgartner H. The Effect of Fitness Branding on Restrained Eaters' Food Consumption and Postconsumption Physical Activity [J]. Journal of Marketing Research, 2016, 53(2): 124-138.

[75] Wansink B, Painter J E, North J. Why Visual Cues of Portion Size May Influence Intake [J]. Obesity Research, 2015, 13(1):93-100.

[76] Vale R C D, Pieters R, Zeelenberg M. Flying Under the Radar: Perverse Package Size Effects on Consumption Self-Regulation [J]. Journal of Consumer Research, 2008, 35(3):380-390.

[77] Scott M L, Nowlis S M, Mandel N, et al. The Effects of Reduced Food Size and Package Size on the Consumption Behavior of Restrained and Unrestrained Eaters [J]. Journal of Consumer Research, 2008, 35(3):391-405.

[78] Hansen T, Jensen J M, Solgaard H S. Predicting online grocery buying intention: a comparison of the theory of reasoned action and the theory of planned behavior [J]. International Journal of Information Management, 2004, 24(6):539-550.

[79] Wycherley A, Mccarthy M, Cowan C. Speciality food orientation of food related lifestyle (FRL) segments in Great Britain [J]. Food Quality and Preference, 2008, 19(5):498-510.

[80] Jennifer J A, Dahl D W, Manchanda R V. The Influence of a Mere Social Presence in a Retail Context [J]. Journal of Consumer Research, 2005, 32(2):207-212.

[81] Van Huylenbroek G, Aertsens J, Verbeke W, et al. Personal determinants of organic food consumption: a review [J]. British Food Journal, 2009, 111(10):1140-1167.

[82] Burger, Jerry M, Heather B, et al. Nutritious or Delicious? The Effect of Descriptive Norm Information on Food Choice [J]. Journal of Social and Clinical Psychology, 2010, 29(2), 228-242.

[83] Herman C P, Roth D A, Polivy J. Effects of the presence of others on food intake: a normative interpretation [J]. Psychological Bulletin, 2003, 129(6):873-86.

[84] Aschemannwitzel J, Zielke S. Can't Buy Me Green? A Review of Consumer Perceptions of and Behavior Toward the Price of Organic Food [J]. Journal of Consumer Affairs, 2017, 51(1):2011-2251.

[85] Grimmer M, Kilburn A P, Miles M P. The effect of purchase situation on realized pro-environmental consumer behavior [J]. Journal of Business Research, 2016, 69(5):1582-1586.

[86] Sirieix L, Delanchy M, Remaud H, et al. Consumers' perceptions of individual and combined sustainable food labels: a UK pilot investigation [J]. International Journal of Consumer Studies, 2013, 37(2):143-151.

[87] Eckhardt G M, Russell B, Timothy M D. Why don't consumers consume ethically? [J]. Journal of Consumer Behaviour, 2010, 9(6):426-436.

[88] Vermeir I, Verbeke W. Sustainable Food Consumption: Exploring the Consumer "Attitude – Behavioral Intention" Gap [J]. Journal of Agricultural and Environmental Ethics, 2006, 19(2):169-194.

[89] Londono J C, Davies K, Elms J. Extending the Theory of Planned Behavior to examine the role of anticipated negative emotions on channel intention: The case of an embarrassing product [J]. Journal of Retailing and Consumer Services, 2017, 36:8-20.

[90] Cameron T A, James M D. Estimating Willingness to Pay from Survey Data: An Alternative Pre-Test-Market Evaluation Procedure [J]. Journal of Marketing Research, 1987, 24(4):389-395.

[91] Hanemann W M. Willingness to Pay and Willingness to Accept: How Much Can They Differ? Reply [J]. American Economic Review, 2003, 93(1):464.

[92] Anderson G, Black C, Dunn E, et al. Willingness to pay to shorten waiting time for cataract surgery [J]. Health Affairs, 1997, 16(5):181-190.

[93] Asafu-Adjaye J, Dzator J. Willingness to Pay for Malaria Insurance: A Case Study of Households in Ghana Using the Contingent Valuation Method [J]. Economic Analysis and Policy, 2003, 33(1):31-47.

[94] Jin Y C, Kyle G T. Fairness of prices, user fee policy and willingness to pay among visitors to a national forest [J]. Tourism Management, 2011, 32(5):1038-1046.

[95] Wertenbroch K, Skiera B. Measuring Consumers' Willingness to Pay at the Point of Purchase [J]. Journal of Marketing Research, 2002, 39(2):228-241.

[96] Hayes D J, Shogren J F, Shin S Y, et al. Valuing Food Safety in Experimental Auction Markets [J]. Staff General Research Papers Archive, 1995, 77(1):40-53.

[97] Ciriacy-Wantrup S V. Capital Returns from Soil-Conservation Practices [J]. American Journal of Agricultural Economics, 1947, 29(3):1181-1202.

[98] Venkatachalam L. The contingent valuation method: a review [J]. Environmental Impact Assessment Review, 2004, 24(1):89-124.

[99] Carson R T, Flores N E, Martin K M, et al. Contingent Valuation and Revealed Preference Methodologies: Comparing the Estimates for Quasi-Public Goods [J]. Land Economics, 1996, 72(1):80-99.

[100] 韩青. 消费者对安全认证农产品自述偏好与现实选择的一致性及其影响因素——以生鲜认证猪肉为例 [J]. 中国农村观察, 2011(4):2-13.

[101] Ortega D L, Wang H H, Wu L, et al. Modeling heterogeneity in consumer preferences for select food safety attributes in China [J]. Food Policy, 2011, 36(2):318-324.

[102] Ortega D L, Wang H H, Wu L, et al. Chinese Consumers' Demand for Food Safety Attributes: A Push for Government and Industry Regulations [J]. American Journal of Agricultural Economics, 2012, 94(2):489-495.

[103] Thurstone L L. A law of comparative judgment [J]. Psychological Review, 1994, 34(4):273-286.

[104] Lancaster K J. A New Approach to Consumer Theory [J]. Journal of Political Economy, 1966, 74(2):132-157.

[105] Lusk J L, Schroeder T C. Are Choice Experiments Incentive Compatible? A Test with Quality Differentiated Beef Steaks [J]. American Journal of Agricultural Economics, 2004, 86(2):467-482.

[106] Breidert C, Hahsler M, Reutterer T. A review of methods for measuring willingness-to-pay [J]. Innovative Marketing, 2006, 2(4):8-32.

[107] Luce R D, Tukey J W. Simultaneous conjoint measurement: A new type of fundamental measurement [J]. Journal of Mathematical Psychology, 1964, 1(1):1-27.

[108] Green P E, Rao V R. Conjoint measurement for quantifying judgmental data [J]. Journal of Marketing Research, 1971, 8(3):355-363.

[109] Ryan M, Gerard K. Using discrete choice experiments to value health care programmes: current practice and future research reflections [J]. Applied Health Economics and Health Policy, 2003, 2(1):55-64.

[110] Vickey W. Counter-speculation, auction, and competitive sealed tender [J]. Journal of Finance, 1961, 16(1):8-37.

[111] Mcafee R P, Mcmillan J. Auction sand bidding [J]. Journal of Economic Literature, 1987, 25(2):699-738.

[112] Hellyer N E, Fraser L, Haddock-fraser J. Food choice, health information and functional ingredients: An experimental auction employing bread [J]. Food Policy, 2012, 37(3):232-245.

[113] Napolitano F, Braghieri A. Effect of information about organic production on beef liking and consumer willingness to pay [J].Food Quality and Preference, 2010, 21(2):207-212.

[114] Akaichi F, Nayga J R M, Gil J M. Assessing consumers' willingness to pay for different units of organic milk: Evidence from multiunit auctions [J]. Canadian Journal of Agricultural Economics, 2012, 60(4):469-494.

[115] 朱淀, 蔡杰. 实验拍卖理论在食品安全研究领域中的应用：一个文献综述 [J]. 江南大学学报（人文社会科学版）, 2012, 11(1):126-131.

[116] Bikhchandani S, Vries S, Schummer J, et al. An ascending Vickrey auction for selling bases of a matroid [J]. Operations Research, 2011, 59(2):400-413.

[117] Stobbelaar D J, Casimir G, Borghuis J, et al. Adolescents' attitudes towards organic food: a survey of 15- to 16-year old school children [J]. International Journal of Consumer Studies, 2007, 31(4):349-356.

[118] Ureña F, Bernabéu R, Olmeda M. Women, men and organic food: differences in their attitudes and willingness to pay. A Spanish case study [J]. International Journal of Consumer Studies, 2007, 32(1):18-26.

[119] Lea E, Worsley T. Australians' organic food beliefs, demographics and values [J]. British Food Journal, 2005, 107(11):855-869.

[120] Bravo C P, Cordts A, Schulze B, et al. Assessing determinants of organic food consumption using data from the German National Nutrition Survey II [J]. Food Quality and Preference, 2013, 28(1):60-70.

[121] 戴迎春, 朱彬, 应瑞瑶. 消费者对食品安全的选择意愿——以南京市有机蔬菜消费行为为例 [J]. 南京农业大学学报：社会科学版, 2006, 6(1):47-52.

[122] Lockie S, Lyons K, Lawrence G, et al. Choosing organics: a path analysis of factors underlying the selection of organic food among Australian consumers [J]. Appetite, 2004, 43(2):113-146.

[123] Li J, Zepeda L, Gould B W. The demand for organic food in the U.S.: An empirical assessment [J]. Journal of Food Distribution Research, 2007, 38(3):54-69.

[124] Fotopoulos C, Krystallis A. Organic Product Avoidance: Reasons for Rejection and Potential Buyers Identification in a Countrywide Survey [J]. British Food Journal, 2002, 104(3-5):233-260.

[125] Roitner-Schobesberger B, Darnhofer I, Somsook S, et al. Consumer perceptions of organic foods in Bangkok, Thailand [J]. Food Policy, 2008, 33(2):112-121.

[126] Aarset B, Beckmann S, Bigne E, et al. The European consumers' understanding and perceptions of the "organic" food regime: The case of aquaculture [J]. British Food Journal, 2004, 106(2):93-105.

[127] Chen M F. Consumer attitudes and purchase intentions in relation to organic foods in Taiwan: Moderating effects of food-related personality traits [J]. Food Quality and Preference, 2007, 18(7):1008-1021.

[128] Chen J, Lobo A. Organic food products in China: determinants of consumers' purchase intentions [J]. International Review of Retail Distribution and Consumer Research, 2012, 22(3):293-314.

[129] Chen M F. Attitude toward organic foods among Taiwanese as related to health consciousness, environmental attitudes, and the mediating effects of a healthy lifestyle [J]. British Food Journal, 2009, 111(2):165-178.

[130] Magnusson M K, Arvola A, Hursti U K, et al. Choice of organic foods is related to perceived consequences for human health and to environmentally friendly behaviour [J]. Appetite, 2003, 40(2):109-117.

[131] Gil J M, Gracia A, Sanchez M. Market segmentation and willingness to pay for organic products in Spain [J]. International Food and Agribusiness Management Review, 2000, 3(2):207-226.

[132] Yin S, Wu L, Du L, et al. Consumers' purchase intention of organic food in China [J]. Journal of Science of Food Agriculture, 2010, 90(8):1361-1367.

[133] Zepeda L, Li J. Characteristics of Organic Food Shoppers [J]. Journal of Agricultural and Applied Economics, 2007, 39(1):17-28.

[134] 涂平, 刘俊. 价格公平感对消费者行为意向的影响 [J]. 营销科学学报, 2009, 5(4):1-22.

[135] Zhang M, Jin Y, Qiao H, et al. Product quality asymmetry and food safety: Investigating the "one farm household, two production systems" of fruit and vegetable farmers in China [J]. China Economic Review, 2017: 45(9):232-243.

[136] Gao Z F, Schroeder T C, Yu X H. Consumer willingness to pay for cue attribute: the value beyond its own [J]. Journal of International Food and Agribusiness Marketing, 2010, 22(1):108-124.

[137] 全世文, 于晓华, 曾寅初. 我国消费者对奶粉产地偏好研究——基于选择实验和显示偏好数据的对比分析 [J]. 农业技术经济, 2017(1):52-66.

[138] Wu L, Yin S, Xu Y, et al. Effectiveness of China's Organic Food Certification Policy: Consumer Preferences for Infant Milk Formula with Different Organic Certification Labels [J]. Canadian Journal of Agricultural Economics, 2014, 62(4):545-568.

[139] 尹世久, 徐迎军, 徐玲玲, 等. 食品安全认证如何影响消费者偏好?——基于山东省821个样本的选择实验 [J]. 中国农村经济, 2015(11):40-53.

[140] Liu Q, Yan Z, Zhou J. Consumer Choices and Motives for Eco-Labeled Products in China: An Empirical Analysis Based on the Choice Experiment [J]. Sustainability, 2017(9):331.

[141] Ortega D L, Hong S J, Wang H H, et al. Emerging markets for imported beef in China: Results from a consumer choice experiment in Beijing [J]. Meat Science, 2016, 121:317-323.

[142] Yu X, Gao Z, Zeng Y. Willingness to pay for the "Green Food" in China [J]. Food Policy, 2014, 45:80-87.

[143] 尹世久, 徐迎军, 陈默. 消费者有机食品购买决策行为与影响因素研究 [J]. 中国人口·资源与环境, 2013, 23(7):136-141.

[144] Marchi E D, Caputo V, Jr R M N, et al. Time preferences and food choices: Evidence from a choice experiment [J]. Food Policy, 2016, 62:99-109.

[145] Loo E J V, Caputo V, Nayga R M, et al. Consumers' willingness to pay for organic chicken breast: Evidence from choice experiment [J]. Food Quality and Preference, 2011, 22(7):603-613.

[146] Sun S, Wang X, Zhang Y. Sustainable Traceability in the Food Supply Chain: The Impact of Consumer Willingness to Pay [J]. Sustainability, 2017, 9(6):999.

[147] Chryssohoidis G M, Krystallis A. Organic consumers' personal values research: Testing and validating the list of values (LOV) scale and implementing a value-based segmentation task [J]. Food Quality and Preference, 2005, 16(7):585-599.

[148] Torjusen H, Lieblein G, Wandel M, et al. Food system orientation and quality perception among consumers and producers of organic food in Hedmark County, Norway [J]. Food Quality and Preference, 2001, 12(3):207-216.

[149] Denver S, Jensen J D. Consumer preferences for organically and locally produced apples [J]. Food Quality and Preference, 2014, 31(1):129-134.

[150] Zander K, Hamm U. Consumer preferences for additional ethical attributes of organic food [J]. Food Quality and Preference, 2010, 21(5):495-503.

[151] Wägeli S, Janssen M, Hamm U. Organic consumers' preferences and willingness-to-pay for locally produced animal products [J]. International Journal of Consumer Studies, 2016, 40(3):357-367.

[152] Feldmann C, Hamm U. Consumers' perceptions and preferences for local food: A review [J]. Food Quality and Preference, 2015, 40:152-164.

[153] De Graaf S, Vanhonacker F, Loo V, et al. Market Opportunities for Animal-Friendly Milk in Different Consumer Segments [J]. Sustainability, 2016, 8(12):1302.

[154] Erdem S. Consumers' Preferences for Nanotechnology in Food Packaging: A Discrete Choice Experiment [J]. Journal of Agricultural Economics, 2015, 66(2):259-279.

[155] Banerji A, Birol E, Karandikar B, et al. Information, branding, certification, and consumer willingness to pay for high-iron pearl millet: Evidence from experimental auctions in Maharashtra, India [J]. Food Policy, 2016, 62:133-141.

[156] Oparinde A, Birol E, Murekezi A, et al. Radio messaging frequency, information framing, and consumer willingness to pay for biofortified iron beans: Evidence from revealed preference elicitation in rural

Rwanda [J]. Canadian Journal of Agricultural Economics, 2016, 64(4):613-652.

[157] Oparinde A, Banerji A, Birol E, et al. Information and consumer willingness to pay for biofortified yellow cassava: Evidence from experimental auctions in Nigeria [J]. Agricultural Economics, 2016, 47(2):215-233.

[158] Chowdhury S, Meenakshi J V, Tomlins K I, et al. Are consumers in developing countries willing to pay more for micronutrientdense biofortified foods? Evidence from a field experiment in Uganda [J]. American Journal of Agricultural Economics, 2011, 93:83-97.

[159] Birol E, Meenakshi J V, Oparinde A, et al. Developing country consumers' acceptance of biofortified foods: a synthesis [J]. Food Security, 2015, 7(3):555-568.

[160] Stevens R, Winter-Nelson A. Consumer acceptance of provitamin A-biofortified maize in Maputo, Mozambique [J]. Food Policy, 2008, 33(4):341-351.

[161] Groote H D, Kimenju S C. Comparing consumer preferences for color and nutritional quality in maize: Application of a semi-double-bound logistic model on urban consumers in Kenya [J]. Food Policy, 2008, 33(4):362-370.

[162] 孙山, 青平, 刘贝贝, 等. 创新型农产品的产品特质对消费者支付意愿的影响——以作物营养强化大米为例 [J]. 农业现代化研究, 2018, 39(5):743-750.

[163] Dwyer J T, Woteki C, Bailey R, et al. Fortification: new findings and implications [J]. Nutrition Reviews, 2014, 72(2):127-141.

[164] 逄学思, 周晓雨, 徐海泉, 等. 美国食品营养强化发展经验及对我国的启示 [J]. 中国农业科技导报, 2017, 19(12):8-13.

[165] Engel, James F, Blackwell, et al. Consumer Behavior[M].3rd. Hinsdale, Illinois: The Dryden Press, 1978.

[166] 张修志, 黄立平. 基于消费者偏好的信息产品定价策略分析 [J]. 商业研究, 2007(5):174-175.

[167] Gao Z F, Schroeder T C. Effects of label information on consumer willingness-to-pay for food attributes [J]. American Journal of Agricultural Economics, 2009, 91(3):795-809.

[168] 侯博. 基于实验经济学方法的消费者对可追溯食品信息属性的偏好研究 [D]. 南京: 南京农业大学, 2016.

[169] Stephan E, Liberman N, Trope Y. The effects of time perspective and level of construal on social distance [J]. Journal of Experimental Social Psychology, 2011, 47(2):397-402.

[170] Vess M, Arndt J, Schlegel R J. Abstract construal levels attenuate state self-esteem reactivity [J]. Journal of Experimental Social Psychology, 2011, 47(4):861-864.

[171] Trope Y, Liberman N. Construal-level theory of psychological distance [J]. Psychological Review, 2010, 117(2):440-463.

[172] 孙晓玲, 张云, 吴明证. 解释水平理论的研究现状与展望 [J]. 应用心理学, 2007, 13(2):181-186.

[173] Ülkümen G, Cheema A. Framing Goals to Influence Personal Savings: The Role of Specificity and Construal Level [J]. Social Science Electronic Publishing, 2011, 48(6):958-969.

[174] Yang X, Ringberg T, Mao H, et al. The Construal (In)compatibility Effect: The Moderating Role of a

Creative Mind-Set [J]. Journal of Consumer Research, 2011, 38(4):681-696.

[175] Hong J W, Sternthal B. The effects of consumer prior knowledge and processing strategies on judgments [J]. Journal of Marketing Research, 2010, 47(2), 301-311.

[176] Hong J, Lee A Y. Feeling Mixed but Not Torn: The Moderating Role of Construal Level in Mixed Emotions Appeals [J]. Journal of Consumer Research, 2010, 37(3):456-472.

[177] Liberman N, Trope Y, Wakslak C. Construal Level Theory and Consumer Behavior [J]. Journal of Consumer Psychology, 2007, 17(2):113-117.

[178] Liberman N, Förster J. Distancing from experienced self: how global-versus-local perception affects estimation of psychological distance [J]. Journal of Personality and Social Psychology, 2009, 97(2):203-216.

[179] Baranan Y, Liberman N, Trope Y. The association between psychological distance and construal level: evidence from an implicit association test [J]. Journal of Experimental Psychology General, 2006, 135(4):609-622.

[180] Trope Y, Liberman N. Temporal construal [J]. Psychological Review, 2003, 110(3):403-421.

[181] White K, Macdonnell R, Dahl D W. It's the Mind-Set That Matters: The Role of Construal Level and Messag [J]. Journal of Marketing Research, 2011, 48(3): 472-485.

[182] Bornemann T, Homburg C. Psychological Distance and the Dual Role of Price [J]. Journal of Consumer Research, 2011, 38(3):490-504.

[183] Thomas A, Dale G. Comparative Price and the Design of Effective Product Communications [J]. Journal of Marketing, 2017, 81(9):16-29.

[184] Alter A L, Oppenheimer D M. Uniting the Tribes of Fluency to Form a Metacognitive Nation [J]. Personality and Social Psychology Review An Official Journal of the Society for Personality and Social Psychology Inc, 2009, 13(3):219-235.

[185] Novemsky N, Dhar R, Schwarz N, et al. Preference Fluency in Choice [J]. Journal of Marketing Research, 2007, 44(3):347-356.

[186] Freitas A L, Langsam K L, Clark S, et al. Seeing oneself in one's choices: Construal level and self-pertinence of electoral and consumer decisions [J]. Journal of Experimental Social Psychology, 2008, 44(4):1174-1179.

[187] Kim H, John D R. Consumer response to brand extensions: Construal level as a moderator of the importance of perceived fit [J]. Journal of Consumer Psychology, 2008, 18(2):116-126.

[188] 柴俊武, 赵广志, 何伟. 解释水平对品牌联想和品牌延伸评估的影响 [J]. 心理学报, 2011, 43(2):175-187.

[189] Higgins E T, Idson L C, Freitas A L, et al. Transfer of value from fit [J]. Journal of Personality and Social Psychology, 2003, 84(6):1140-1153.

[190] Eyal T, Liberman N, Trope Y, et al. The Pros and Cons of Temporally Near and Distant Action [J]. Journal of Personality and Social Psychology, 2004, 86(6):781-795.

[191] Amit E, Algom D, Trope Y. Distance-dependent processing of pictures and words [J]. Journal of

Experimental Psychology: General, 2009, 138(3):400-415.

[192] 孙晓玲, 李晓文. 自我提高还是自我增强？解释水平理论的观点 [J]. 心理科学, 2012(2):264-269.

[193] 王霞, 于春玲, 刘成斌. 时间间隔与未来事件效价：解释水平的中介作用 [J]. 心理学报, 2012, 44(6):807-817.

[194] Freitas A L, Gollwitzer P, Trope Y. The influence of abstract and concrete mindsets on anticipating and guiding others' self-regulatory efforts [J]. Journal of Experimental Social Psychology, 2004, 40(6):739-752.

[195] Fujita K, Trope Y, Liberman N, et al. Construal levels and self-control [J]. Journal of Personality and Social Psychology, 2006, 90(3):351-367.

[196] Higgins E T. Self-discrepancy: a theory relating self and affect [J]. Psychological Review, 1987, 94(3):319-340.

[197] Higgins E T. Making a good decision: Value from fit [J]. Am Psychol, 2000, 55(11):1217-1230.

[198] Geers A L, Weiland P E, Kosbab K, et al. Goal activation, expectations, and the placebo effect [J]. Journal of Personality and Social Psychology, 2005, 89(2):143-159.

[199] Higgins E T. Beyond pleasure and pain [J]. American Psychologist, 1997, 52(12):1280-1300.

[200] Higgins E T, Friedman R S, Harlow R E, et al. Achievement orientations from subjective histories of success: Promotion pride versus prevention pride [J]. European Journal of Social Psychology, 2001, 31(1):3-23.

[201] Higgins E T, Roney C J, Crowe E, et al. Ideal versus ought predilections for approach and avoidance: distinct self-regulatory systems [J]. Journal of Personality and Social Psychology, 1994, 66(2):276-286.

[202] Lockwood P, Jordan C H, Kunda Z. Motivation by positive or negative role models: Regulatory focus determines who will best inspire us [J]. Journal of Personality and Social Psychology, 2002, 83(4):854-864.

[203] Crowe E, Higgins E T. Regulatory focus and strategic inclinations: Promotion and prevention in decision-making [J]. Organizational Behavior and Human Decision Processes, 1997, 69(2):117-132.

[204] Roese N J, Hur T, Pennington G L. Counterfactual thinking and regulatory focus: Implications for action versus inaction and sufficiency versus necessit [J]. Journal of Personality and Social Psychology, 1999, 77(6):1109-1120.

[205] Wilson A E, Ross M. The frequency of temporal-self and social comparisons in people's personal appraisals [J]. Journal of Personality and Social Psychology, 2000, 78(5):928-942.

[206] Liberman N, Molden D C, Idson L C, et al. Promotion and prevention focus on alternative hypotheses: Implications for attributional functions [J]. Journal of Personality and Social Psychology, 2001, 80(1):5-18.

[207] Förster J, Higgins E T, Bianco A T. Speed/accuracy decisions in task performance: Built-in trade-off or separate strategic concerns? [J]. Organizational Behavior and Human Decision Processes, 2003, 90(1):148-164.

[208] Yoon Y, Sarial-Abi G, Gürhan-Canli Z. Effect of Regulatory Focus on Selective Information Processing

[J]. Journal of Consumer Research, 2012, 39(1):93-110.

[209] Pham M T, Chang H H. Regulatory Focus, Regulatory Fit, and the Search and Consideration of Choice Alternatives [J]. Journal of Consumer Research, 2010, 37(4):626-640.

[210] Mourali M, Pons F. Regulatory fit from attribute-based versus alternative-based processing in decision making [J]. Journal of Consumer Psychology, 2009, 19(4):643-651.

[211] Wan E, Hong J, Sternthal B. The effect of regulatory orientation and decision strategy on brand judgments [J]. Journal of Consumer Research, 2009, 35(6):1026-1038.

[212] Pham M T, Avnet T. Ideals and Oughts and the Reliance on Affect versus Substance in Persuasion [J]. Journal of Consumer Research, 2004, 30(4):503-518.

[213] Florack A, Ineichen S, Bieri R. The Impact of Regulatory Focus on the Effects of Two-Sided Advertising [J]. Social Cognition, 2009, 27(1):37-56.

[214] Fishbein M, Ajzen I. Belief, attitude, intention, and behavior: An Introduction to theory and research [M]. Reading, MA: Addison-Wesley, 1975.

[215] Blanchard C M, Fisher J, Sparling P B, et al. Understanding Adherence to 5 Servings of Fruits and Vegetables per Day: A Theory of Planned Behavior Perspective [J]. Journal of Nutrition Education and Behavior, 2009, 41(1):3-10.

[216] Payne N, Jones F, Harris P R. The role of perceived need within the theory of planned behaviour: a comparison of exercise and healthy eating [J]. British Journal of Health Psychology, 2011, 9(4):489-504.

[217] 劳可夫, 吴佳. 基于 Ajzen 计划行为理论的绿色消费行为的影响机制 [J]. 财经科学, 2013(2):91-100.

[218] 张辉, 白长虹, 李储凤. 消费者网络购物意向分析——理性行为理论与计划行为理论的比较 [J]. 软科学, 2011, 25(9):130-135.

[219] 王建华, 葛佳烨, 浦徐进. 农村居民食品安全消费的行为传导及其路径选择——以江苏省农村居民为例 [J]. 宏观质量研究, 2016, 4(3):70-81.

[220] Cialdini R B, Kallgren C A, Reno R R. A Focus Theory of Normative Conduct: A Theoretical Refinement and Reevaluation of the Role of Norms in Human Behavior [J]. Advances in Experimental Social Psychology, 1991, 24(1):201-234.

[221] Harrison D A. Volunteer motivation and attendance decisions: Competitive theory testing in multiple samples from a homeless shelter [J]. Journal of Applied Psychology, 1995, 80(3):371-385.

[222] Zeithaml V A. Consumer perceptions of price, quality, and value: A means-end model and synthesis of evidence [J]. Journal of Marketing, 1988, 52(3):2-22.

[223] Sheth J N, Newman B I, Gross B L. Why we buy what we buy: A theory of consumption values [J]. Journal of Business Research, 1991, 22(2):159-170.

[224] Slater S F, Narver J C. Market orientation, customer value, and superior performance [J]. Business Horizons, 1994, 37(2):22-28.

[225] Parasuraman A, Grewal D. The impact of technology on the quality-value-loyalty chain: A research agenda [J]. Journal of the Academy of Marketing Science, 2000, 28(1):168-174.

[226] Mcdougall G H G, Levesque T. Customer satisfaction with services: putting perceived value into the equation [J]. Journal of Services Marketing, 2000, 14(5):392-410.

[227] Caruana A, Money A H, Berthon P R. Service quality and satisfaction – the moderating role of value [J]. European Journal of Marketing, 2000, 34(11,12):1338-1353.

[228] Janine F D M, José L D R, Cortimiglia M N. Influence of Perceived Value on Purchasing Decisions of Green Products in Brazil [J]. Journal of Cleaner Production, 2016, 110(1):158-169.

[229] Spence M. Job Market Signaling [J]. Quarterly Journal of Economics, 1973, 87(3):355-374.

[230] 李功奎, 应瑞瑶. "柠檬市场"与制度安排——一个关于农产品质量安全保障的分析框架 [J]. 农业技术经济, 2004(3):15-20.

[231] 周德翼, 杨海娟. 食物质量安全管理中的信息不对称与政府监管机制 [J]. 中国农村经济, 2002(6):29-35.

[232] 周洁红. 消费者对蔬菜安全的态度、认知和购买行为分析——基于浙江省城市和城镇消费者的调查统计 [J]. 中国农村经济, 2004(11):44-52.

[233] 王可山. 食品安全信息问题研究述评 [J]. 经济学动态, 2012(8):92-96.

[234] 龚强, 张一林, 余建宇. 激励、信息与食品安全规制 [J]. 经济研究, 2013(3):135-147.

[235] Viegas I, Nunes L C, Madureira L, et al. Beef Credence Attributes: Implications of Substitution Effects on Consumers' WTP [J]. Journal of Agricultural Economics, 2014, 65(3):600-615.

[236] Yan D, Sengupta J. Effects of Construal Level on the Price-Quality Relationship [J]. Journal of Consumer Research, 2011, 38(2):376-389.

[237] Lee K K, Zhao M. The Effect of Price on Preference Consistency Over Time [J]. Journal of Consumer Research, 2014, 41(1):109-118.

[238] Hansen J, Kutzner F, Wänke M. Money and Thinking: Reminders of Money Trigger Abstract Construal and Shape Consumer Judgments [J]. Journal of Consumer Research, 2013, 39(6):1154-1166.

[239] Hansen J, Wänke M. The abstractness of luxury [J]. Journal of Economic Psychology, 2011, 32(5):789-796.

[240] Trope Y, Liberman N, Wakslak C. Construal Levels and Psychological Distance: Effects on Representation, Prediction, Evaluation, and Behavior [J]. Journal of Consumer Psychology, 2007, 17(2):83-95.

[241] Allard T, Griffin D. Comparative Price and the Design of Effective Product Communications [J]. Journal of Marketing, 2017, 81(9):16-29.

[242] Biswas A, Pullig C, Yagci M I, et al. Consumer Evaluation of Low Price Guarantees: The Moderating Role of Reference Price and Store Image [J]. Journal of Consumer Psychology, 2002, 12(2):107-118.

[243] Cordell V V. Competitive context and price as moderators of country of origin preferences [J]. Journal of the Academy of Marketing Science, 1991, 19(2):123-128.

[244] Dodds W B, Monroe K B, Dhruv G. Effects of Price, Brand, and Store Information on Buyers' Product Evaluations [J]. Journal of Marketing Research, 1991, 28 (8), 307-319.

[245] Wakefield K L, Inman J J. Situational price sensitivity: the role of consumption occasion, social context

and income [J]. Journal of Retailing, 2003, 79(4):199-212.

[246] Rao A R, Monroe K B. The Effect of Price, Brand Name, and Store Name on Buyers' Perceptions of Product Quality: An Integrative Review [J]. Journal of Marketing Research, 1989, 26(3):351-357.

[247] Gould S J. Consumer attitudes toward health and health care: A differential perspective [J]. Journal of Consumer Affairs, 1988, 22(1), 96-118.

[248] Michaelidou N, Hassan L. The Role of Health Consciousness, Food Safety Concern and Ethical Identity on Attitudes and Intentions Towards Organic Food [J]. International Journal of Consumer Studies, 2008, 32(2):163-170.

[249] Prasad A, Strijnev A, Zhang Q. What can grocery basket data tell us about health consciousness? [J]. International Journal of Research in Marketing, 2008, 25(4):301-309.

[250] Mai R, Hoffmann S. Taste lovers versus nutrition fact seekers: How health consciousness and self-efficacy determine the way consumers choose food products [J]. Journal of Consumer Behaviour, 2012, 11(4):316-328.

[251] Jayanti R K, Burns A C. The antecedents of preventive health care behavior: An empirical study [J]. Journal of the Academy of Marketing Science, 1998, 26(1):6-15.

[252] Lockie S, Lyons K, Lawrence G, et al. Eating "green" : motivations behind organic food consumption in Australia [J]. Sociologia Ruralis, 2002, 42(1): 23-40.

[253] Naylor R W, Droms C M, Haws K L. Eating with a Purpose: Consumer Response to Functional Food Health Claims in Conflicting Versus Complementary Information Environments [J]. Journal of Public Policy and Marketing, 2009, 28(2):221-233.

[254] Newman C L, Howlett E, Burton S. Shopper Response to Front-of-Package Nutrition Labeling Programs: Potential Consumer and Retail Store Benefits [J]. Journal of Retailing, 2014, 90(1):13-26.

[255] Escaron A L, Meinen A M, Nitzke S A, et al. Supermarket and Grocery Store-Based Interventions to Promote Healthful Food Choices and Eating Practices: A Systematic Review [J]. Preventing Chronic Disease, 2013, 10(4):E50.

[256] Cavanagh K V, Forestell C A. The effect of brand names on flavor perception and consumption in restrained and unrestrained eaters [J]. Food Quality and Preference, 2013, 28(2):505-509.

[257] Lee A Y, Keller P A, Sternthal B. Value from regulatory construal fit: The persuasive impact of fit between consumer goals and message concreteness [J]. Journal of Consumer Research, 2010, 36(5):735-747.

[258] 杜晓梦,赵占波,崔晓. 评论效价、新产品类型与调节定向对在线评论有用性的影响 [J]. 心理学报, 2015(4):555-568.

[259] Zhu R, Meyers-Levy J. Exploring the Cognitive Mechanism that Underlies Regulatory Focus Effects [J]. Journal of Consumer Research, 2007, 34(1):89-96.

[260] Herr P M, Kardes F R, Kim K. Effects of Word-of-mouth and Product-attribute Information on Persuasion: An Accessibility-diagnosticity Perspective [J]. Journal of Consumer Research, 1991. 17(4): 454-462.

[261] Fiske S T. Attention and Weight in Person Perception: The Impact of Negative and Extreme Behavior [J]. Journal of Personality and Social Psychology, 1980, 38(6): 889-906.

[262] 陈瑞, 郑毓煌, 刘文静. 中介效应分析: 原理、程序、Bootstrap 方法及其应用 [J]. 营销科学学报, 2013(4):120-135.

[263] Hayes A F. Introduction to mediation, moderation, and conditional process analysis: a regression-based approach [J]. Journal of Educational Measurement, 2013, 51(3): 335-337.

[264] Preacher K J, Rucker D D, Hayes A F. Assessing moderated mediation hypotheses: theory, methods and prescriptions [J]. Multivariate Behavioral Research, 2007, 42(1): 185-227.

[265] Jeehye C K, Brian P, David D. How Consumers' Political Ideology and Status-Maintenance Goals Interact to Shape Their Desire for Luxury Goods [J]. Journal of Marketing, 2018, 82(6):132-149.

[266] Gorn G, Pham M T, Sin L Y. When arousal influences ad evaluation and valence does not (and vice versa) [J]. Journal of Consumer Psychology, 2001, 11(1):43-55.

[267] Easterbrook J A. The Effect of Emotion Cue Utilization and the Organization of Behavior [J]. Psychological Review, 1959, 66(3):183-201.

[268] Liberman N, Trope Y. The Psychology of Transcending the Here and Now [J]. Science, 2008, 322(5905):1201-1205.

[269] Zhenfeng Ma, Zhiyong Yang, and Mehdi Mourali. Consumer Adoption of New Products: Independent Versus Interdependent Self-Perspectives [J]. Journal of Marketing, 2014, 78(3):101-117.

[270] Berger J, Heath C. Where Consumers Diverge from Others: Identity-Signaling and Product Domains [J]. Journal of Consumer Research, 2007, 34 (2):121-134.

[271] Tian K T, Bearden W O, Hunter G L. Consumers' Need for Uniqueness: Scale Development and Validation [J]. Journal of Consumer Research, 2001, 28(1):50-66.

[272] Vignoles V, Xenia C, Glynis M B. The Distinctiveness Principle: Identity, Meaning, and the Bounds of Cultural Relativity [J]. Personality and Social Psychology Review, 2000, 4 (4):337-354.

[273] Belk R W. Possessions and the Extended Self. [J]. Journal of Consumer Research, 1988, 15(2):139-168.

[274] Reed I I, Forehand M R, Puntoni S et al. Identity-based consumer behavior [J]. International Journal of Research in Marketing, 2012, 29(4):310-321.

[275] Lauren G, Jillian H, Cait L, et al. The Self-Perception Connection: Why Consumers Devalue Unattractive Produce [J]. Journal of Marketing, 2019, 83(1):89-107.

[276] Cheema A, Kaikati A M. The Effect of Need for Uniqueness on Word of Mouth [J]. Journal of Marketing Research, 2010, 47(3):553-563.

[277] 邓琪, 詹家娟. 特色农产品品牌信任影响因素的实证研究. 安徽理工大学学报(社会科学版), 2017, 19(19):54.

[278] Wu W Y, Lu H Y, Wu Y Y, et al. The effects of product scarcity and consumers' need for uniqueness on purchase intention [J]. International Journal of Consumer Studies, 2012, 36(3):263-274.

[279] 黄敏学, 王贝贝, 廖俊云. 消费者评论中偏好差异性对销量的影响机制研究. 营销科学学报, 2015, 11(3):2-14.

[280] Robert M, Stefan H. Taste lovers versus nutrition fact seekers: How health consciousness and self-efficacy determine the way consumers choose food products [J]. Journal of Consumer Behaviour, 2012(11):316-328.

[281] Berlyne D E. The reward value of light increment under supranormal and subnormal arousal [J]. Canadian Journal of Psychology, 1969, 23(1):11.

[282] Pribram K H, Mcguinness D. Arousal, activation, and effort in the control of attention [J]. Psychological Review, 1975, 82(2):116-149.

[283] Cantor J R, Zillmann D, Bryant J. Enhancement of experienced sexual arousal in response to erotic stimuli through misattribution of unrelated residual excitation [J]. Journal of Personality & Social Psychology, 1975, 32(1):69-75.

[284] Mcfadden J R, Huffman W E. Willingness-to-pay for natural, organic, and conventional foods: The effects of information and meaningful labels [J]. Food Policy, 2017, 68(1):214-232.

[285] Menkhaus D J, Borden G W, Whipple G D, et al. An Empirical Application of Laboratory Experimental Auctions in Marketing Research [J]. Journal of Agricultural & Resource Economics, 1992, 17(1):44-55.

[286] Van D M D, Bosman M, Ellis S, et al. Consumers' knowledge of food label information: an exploratory investigation in Potchefstroom, South Africa [J]. Public Health Nutrition, 2013, 16(3):403-408.

[287] Geiger C J, Wyse B W, Parent C R, et al. Nutrition labels in bar graph format deemed most useful for consumer purchase decisions using adaptive conjoint analysis [J]. Journal of the American Dietetic Association, 1991, 91(7):800-807.

[288] Scott V, Worsley A F. Ticks, claims, tables and food groups: a comparison for nutrition labelling [J]. Health Promotion International, 1994, 9(1):27-37.

[289] Parker J R, Lehmann D R, Xie Y. Decision Comfort [J]. Journal of Consumer Research, 2016, 43(1):113-133.

[290] Schwarz N, Clore G L, Fiedler K, et al. How do I feel about it? Informative functions of affective states[M]. // Affect, cognition, and social behavior. Göttingen: Hogrefe, 1988:44-62.

[291] Pham M T. Representativeness, Relevance, and the Use of Feelings in Decision Making [J]. Journal of Consumer Research, 1998, 25(2):144-159.

[292] Alba J W, Hutchinson J W. Dimensions of Consumer Expertise [J]. Journal of Consumer Research, 1987, 13(4):411-454.

[293] Mitchell A A, Dacin P A. The Assessment of Alternative Measures of Consumer Expertise [J]. Journal of Consumer Research, 1996, 23(3):219-239.

[294] Park C W, Mothersbaugh D L, Feick L. Consumer knowledge assessment [J]. Journal of consumer research, 1994, 21(1):71-82.

[295] Bialkova S, Hcm V T. An efficient methodology for assessing attention to and effect of nutrition information displayed front-of-pack [J]. Food Quality & Preference, 2011, 22(6):592-601.

[296] Carpentera C J. A meta-analysis of the effectiveness of health belief model variables in predicting behavior [J]. Health Commun, 2010, 25(8):661-669.

[297] Glanz K, Rimer B K, Lewis F M. Health behavior and health education: theory, research, and practice [J]. Jossey-Bass, 1997, 23(12):1404.

[298] Plank R E, Gould S J. Health consciousness, scientific orientation and wellness [J]. Health Marketing Quarterly, 1990, 7(3):65-82.

[299] Vassallo M, Saba A, Arvola A, et al. Willingness to use functional breads. Applying the health belief model across four European countries [J]. Appetite, 2009, 52(2):452-460.

[300] Hojjati M, Yazdanpanah M, Fourozani M. Willingness of Iranian young adults to eat organic foods: application of the health belief model [J]. Food Quality and Preference, 2015, 41:75-83.

[301] Allenby G M, Rossi P E. Marketing models of consumer heterogeneity [J]. Journal of Econometrics, 1998, 89(1,2):57-78.

[302] 全世文. 选择实验方法研究进展 [J]. 经济学动态, 2016(1):127-141.

[303] Rousseau S, Vranken L. Green market expansion by reducing information asymmetries: Evidence for labeled organic food products [J]. Food Policy, 2013, 40:31-43.

[304] Bell D R, Lattin J M. Looking for Loss Aversion in Scanner Panel Data: The Confounding Effect of Price Response Heterogeneity [J]. Marketing Science, 2000, 19(2):185-200.

[305] Chang K, Siddarth S, Weinberg C B. The Impact of Heterogeneity in Purchase Timing and Price Responsiveness on Estimates of Sticker Shock Effects [J]. Marketing Science, 1999, 18(2):178-192.

[306] Hu W, Veeman M M, Adamowicz W L. Labelling Genetically Modified Food: Heterogeneous Consumer Preferences and the Value of Information [J]. Canadian Journal of Agricultural Economics/revue Canadienne Dagroeconomie, 2010, 53(1):83-102.

[307] Mcfadden D, Train K. Mixed MNL Models for Discrete Response [J]. Journal of Applied Econometrics, 2000, 15(5):447-470.

[308] Brownstone D, Train K. Forecasting new product penetration with flexible substitution patterns [J]. Journal of Econometrics, 1998, 89(1,2):109-129.

符号表

χ^2	卡方值
p	显著性值
M	均值
SD	标准差
t	自由度
F	F 值
B	非标准化回归系数
SE	标准误差
CI_{95}	95% 置信区间
α	克龙巴赫系数
R^2	拟合优度
β	标准化回归系数
η_p^2	效应值
Sig.	显著性